강제동원&평화총서 − 감感 · 동動 4

우리 마을 속의
아시아태평양전쟁유적
광주광역시

강제동원&평화총서 – 감感·동動 4

우리 마을 속의
아시아태평양전쟁유적 광주광역시

초판 1쇄 발행 2014년 12월 31일

저 자 | 정혜경
사 진 | 이국언
그 림 | 월 아
발행인 | 윤관백
발행처 | 도서출판 선인

편 집 | 박애리
표 지 | 박애리
영 업 | 이주하

등 록 | 제5-77호(1998.11.4)
주 소 | 서울시 마포구 마포동 324-1 곳마루 B/D 1층
전 화 | 02)718-6252/6257   팩 스 | 02)718-6253
E-mail | sunin72@chol.com

정 가 6,000원
ISBN 978-89-5933-789-7 04900
ISBN 978-89-5933-636-4 (세트)

강제동원&평화총서 – 감感 · 동動 4

우리 마을 속의
아시아태평양전쟁유적
광주광역시

정혜경　저
이국언 사진
월　아그림

도서
출판 선인

[감感동動 4 - 우리 마을 속의 아시아태평양전쟁 유적지 찾기]는 일본이 일으킨 아시아태평양전쟁(1931~1945)은 일본 본토는 물론, 동남아시아 · 태평양 · 중국 · 타이완 · 남사할린 그리고 한반도 민중들에게 고통을 안겨주었다. 군인이나 노무자, 군무원, 위안부로 동원되어야 했고, 전쟁비용과 물자를 조달해야 했다. 곡물과 철광석 · 목재 · 약품 등 수십 종에 달하는 물자를 생산하고 수송해야 했다. 우리가 사는 터전을 일본군부대의 막사로 내주어야 했고, 한반도를 일본의 총알받이로 만들기 위한 참호, 격납고와 고사포 진지, 비행장 등으로 파헤쳐졌다.

이런 곳을 '아시아태평양전쟁 유적'이라 부르는데, 남북한 전역에 걸쳐 무려 8천 군데가 넘는다. 압록강의 수력발전소는 물론, 해남 땅끝 마을과 제주도에 이르기까지 탄광산과 군사 시설지, 공장이 흩어져 있다. 한반도 전역에서 아시아태평양 전쟁의 현장이 없는 지역이 없을 정도이다. 도시든 농촌이든, 현재 우리가 살고 있는 마을에서도 어렵지 않게 찾을 수 있다.

'우리 마을 속의 아시아태평양전쟁유적'지역별 시리즈는 아시아태평양전쟁의 유적을 찾아 식민지 역사와 전쟁의 상흔을 되돌아보고 반전평화의 실천 방법을 고민하려는 이들에게 필요한 길라잡이다.

그동안 내가 살아왔고, 지금도 살고 있는 터전에 남아있는 전쟁유적을 찾아보고 해방 후 지금까지 쌓인 사연을 되새겨 '공간의 기억'과 '공간의 스토리텔링'의 빈칸을 채워갈 수 있다. 이 같이 어렵지 않게 평화로운 미래 만들기에 동참할 수 있으니, 한번 나서볼 일이다. 주말 오전 편안한 차림으로 우리 동네 속의 숨은 역사를 찾아 돌아다니는 워킹투어에.

목차

우리 마을 속의
아시아태평양전쟁유적 광주광역시

1장 우리 마을 속의 아시아태평양전쟁유적

식민지와 광주

삼한시대에 마한에 속했고 백제시대에 노지奴只와 무진주[武珍, 茂珍 : 무들, 물들. 물이 많은 들판이라는 의미]라 하였다가 통일신라 후 무주로, 고려시대 이후 광주라는 이름으로 내려오던 곳.

개항 이후 광주는 구한말 역사의 풍설을 겪으며 식민도시로 변모해갔다. 행정구역이 변하고 일본인들이 도시 중심부로 몰려들었다.

구한말 나주부 광주군에 속했던 평화로운 마을은 1895년(을미년) 명성황후의 시해와 단발령 등 구한말의 격변 상황 속에서 일어난 호남의 병항쟁의 본거지로써 1909년까지 구심점 역할을 했다.

광주는 1896년 지방행정제도가 변경될 때 전남관찰부의 소재지가 되었고, 1931년에 광주면이 광주읍으로, 1935년에 광주읍이 광주부로 승격되었으며, 1949년에 광주시로, 1986년에 광주광역시로 명칭이 바뀌면서 전라남도와 분리되었다.

1901년 41개면으로 구성되었던 광주군은 1914년에 15개면으로 정비되었다.

광주光州 · 지한池漢 · 석곡石谷 · 서방瑞方 · 효천孝泉 · 극락極樂 · 송정松汀 · 서창西倉 · 동곡東谷 · 대촌大村 · 본촌本村 · 우치牛峙 · 비아飛鵝 · 임곡林谷 · 하남河南

광주광역시의 모태는 광주면에서 시작되었고, 1955년부터 광산군 지역이 순차적으로 편입되기 시작해 오늘날의 모습을 갖추게 되었다.

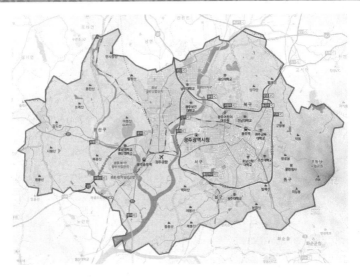

　　일본이 광주광역시에 남겨둔 아시아태평양전쟁유적은 현재 49개로 추정된다. 이 가운데 당시 광산군에 포함된 유적은 16개소이고, 광주부 유적이 33개소이다. 직종별로 살펴보면 군부대와 광산이 가장 많다.

광주광역시 아시아태평양전쟁 유적지 - 직종별 현황

■ 개간/농장
■ 공장
■ 광산
■ 군부대
■ 군사시설물
■ 목재
■ 보국대

아시아태평양전쟁유적 – 광주광역시

번호	지역구분	직종	유적지 이름	당시 주소	기업이름	자본계통
1	광산·나주군	광산	용진聳珍금광	광산군 임곡면·나주군 본량면	조선제련㈜	조선식산은행
2	광산·장성군	광산	비아飛鴉금광	광산군 비아, 하남면·장성군 남면		
3	광산·장성군	광산	임곡林谷광산	광산군 임곡면·장성군 남황룡면		
4	광산·장성군	광산	장광長光금광	광산군 비아,지산면·장성군 남면		
5	광산군	군사시설물	군사시설물구축공사장(사월산)	서창면		
6	광산군	군사시설물	비행장건설(송정리)	송정리		
7	광산군	군사시설물	비행장건설(광주)	극락면 치평리		
8	광산군	개간·농장	전남식산㈜	송정읍 송정리	전남식산㈜	
9	광산군	광산	광일光一금광	비아, 하남면		
10	광산군	광산	도장道長금광	임곡, 하남면		
11	광산군	광산	봉황鳳凰광산	대촌, 서창면		
12	광산군	광산	송학산松鶴山금광	대촌, 서창면		
13	광산군	광산	어등魚登금광	임곡, 하남, 송정면		
14	광산군	광산	운남雲南금광	비아, 하남면		
15	광산군	토건	하천공사			
16	광산군	하역수송	조선운송㈜송정출장소		조선운송㈜	
17	광주부	공장	광주제빙㈜	대정정4	광주제빙㈜	
18	광주부	공장	광주주조鑄造㈜	본정4정목28	광주주조㈜	
19	광주부	공장	전남도시제사全南道是製絲	천정60	전남도시제사㈜	일본목화회사
20	광주부	공장	가네가후치鐘淵공업㈜쇼산昭産양잠소	임정(현재 임동)	가네가후치공업㈜	미쓰이三井계열
21	광주부	공장	가네가후치鐘淵공업㈜전남공장	임정 (현재 임동, 학동)	가네가후치공업㈜	미쓰이三井계열
22	광주부	공장	흥아무도구㈜	금정12	흥아무도구㈜	
23	광주부	군부대	광주 육군구금소			
24	광주부	군부대	광주 육군병사부			

25	광주부	군부대	광주 육군병원		
26	광주부	군부대	광주사관구 공병보충대		
27	광주부	군부대	광주사관구 보병 제1 보충대		
28	광주부	군부대	광주사관구 사령부	현재 동구청 자리	
29	광주부	군부대	광주사관구 제독훈련소		
30	광주부	군부대	광주사관구 치중병 보충대	송정리	
31	광주부	군부대	광주사관구 통신보충대		
32	광주부	군부대	광주사관구 포병보충대		
33	광주부	군부대	광주지구 사령부		
34	광주부	군부대	광주지구 헌병대		
35	광주부	군부대	광주해군항공대		
36	광주부	군부대	독립혼성 제39연대		
37	광주부	군부대	박격포 제31대대		
38	광주부	군부대	전차 제12연대		
39	광주부	군부대	제150사단 제독대		
40	광주부	군부대	제90 특설통신작업대		
41	광주부	군사시설물	군사시설물[극락면]	극락면	
42	광주부	보국대	광주신사神社확장공사		
43	광주부	개간/농장	광주농공㈜	북성정24-1	광주농공㈜
44	광주부	개간/농장	옥천玉泉(합자)	명치정5-176	옥천(합자)
45	광주부	목재	학파鶴坡농장(합명)	호남정66	학파농장 (합명)
46	광주부	광산	남광광업㈜	금정28	남광광업㈜
47	광주부	광산	남선광업(합자)	명치정5정목	남선광업 (합자)
48	광주부	광산	남선광업㈜	북정2정목	남선광업㈜
49	광주부	하역수송	조선운송㈜하역장		조선운송㈜

49개소 가운데 실제로 탐방이 가능한 지역은 그리 많지 않다. 이미 아파트가 들어서거나 흔적을 찾을 수 없는 곳이 많고, 일반인 출입이 제한적인 곳도 있다. 일반인이 쉽게 갈 수 있는 곳이거나 갈 수는 없어도 기억하면 좋을 곳을 살펴보자.

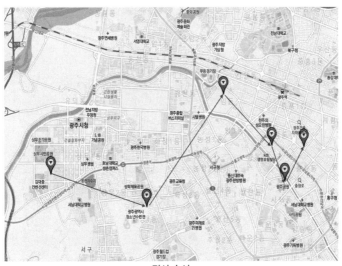

답사 순서

1. 광주의 비행장 : 서구 치평동[당시 극락면 치평리]

찾아가기

○광주역 출발시

▲ 광주역정류장에서 송정 19번 승차 → 전남고 입구 정류장 하차(20개 정류장. 29분) →도보로 이동 (11분)

▲ 광주역정류장에서 160번 승차 → 종축장 정류장 하차(20개 정류장. 29분) → 도보 이동(10분)

▲ 광주역정류장에서 송암72, 문흥48, 수완49, 용봉83 승차 → 신안교 정류장 하차(4개 정류장 이동. 5분) → 순환 01 환승 → 상무 금호 아파트 정류장 하차(8개 정류장. 26분) → 도보 이동(3분)

○광천터미널 출발시

▲ 상무64 승차 → 상무금호아파트 정류장 하차(11개 정류장 이동. 18분) → 도보 이동(3분)

▲ 일곡38 승차 → 상무중흥아파트 정류장 하차(9개 정류장 이동. 16분) → 도보 이동(7분)

▲ 518 승차 → 상무라인대주아파트 정류장 하차(10개 정류장 이동. 18분) → 도보 이동(7분)

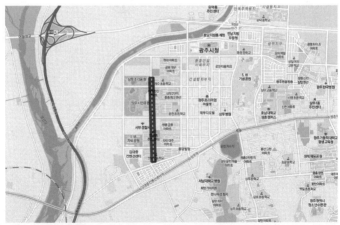

그림 4. 구 광주비행장이 있던 상무지구 치평동. 활주로는 현재의 상무소각장~전남고 사이에 있었던 것으로 추정된다.

광주는 일본군이 조선군[조선에 주둔한 일본군]이라는 이름으로 주둔한 한반도 내 여러 도시 가운데 하나였다. 현재 확인된 군부대 자리만 해도 18개소이다.

군부대 시설물 가운데 중요한 곳은 군비행장이다. 조선군이 주둔한 대부분의 도시에는 군비행장이 빠지지 않을 정도이다. 광주도 예외가 아니었다. 현재 서구 치평동 자리에 있었던 비행장이 바로 '치평리 비행장'으로 불리기도 하던 군비행장이다.

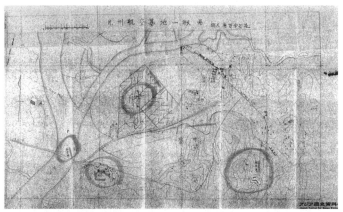

그림 5. 1945년에 일본군이 만든 지도[김윤미 제공, 아시아역사자료센터 소장 자료]

그러나 이 비행장은 원래 연습용 비행장으로 기획되었다. 1920년대에 광주는 조선군이 상시 주둔하던 지역이 아니었기 때문이다.

조선군사령부는 1929년경 연습용비행장을 물색하던 중 극락면 치평리에서 부지를 확보하고 비행장을 건설했다. 치평리 비행장은 군의 연습용 비행장이었으나 민간용으로도 사용했다.

1938년 5월 조선총독부 체신국이 비행장활주로를 수리해 항공우편 이착륙장으로 사용하기 시작하면서 더러 여객을 실어 날랐기 때문이다. 객석이 따로 있는 것도 아니고 운임도 비싸서 여객수송의 비중은 극히 낮았지만 이 비행장을 토대로 1942년에 서울~이리~광주간 민간항공노선이 가능했다. 처음에는 주 2회 왕복이었는데, 점차 늘려 주 3회로 늘어났고, 1938년에는 항공기상정보를 위한 기상관측소를 세우기도 했다. 신용욱愼鏞項이 설립한 항공회사[조선항공공업소, 조선경비행기제작소 등] 소속 항공기가 서울~광주를 오가며 여객과 우편물을 실어 날랐다. 독점 항로였다. 이때 사용하던 비행기는 살무손이란 기종으로써, 앞날개가 좌우로 두 장씩 달린 복엽기複葉機였다.

신용욱愼鏞項(1901~1962, 전북 고창 출신)

기업인, 정치인[제2,3대 국회의원]이자 비행사이다.

1922년 일본 오구리비행학교[小栗飛行學校]를 졸업하고 1등 조종사면허를 받았으며, 동아항공전문학교東亞航空專門學校를 거쳐 미국 실라 헬리콥터학교 조종과를 졸업하고, 미국 헬리콥터 조종사면허도 받았다. 귀국 후 비행기학교를 창립하여 교장이 되었으며, 조선의 청년들을 조종사로 교육시켜 전쟁터로 내보내기도 했다.

1944년 9월에는 해군과 협의하여 조선항공공업소를 설립하고 경남에 설립한 공장에서 비행기를 제작했다. 경기도에는 같은 시기에 설립한 조선경비행기제작소의 공장을 두었다. 이들 항공회사에서 제작한 비행기를 당국에 자진 헌납하는 등 친일행위를 하였다.

광복 직후에는 일본군 비행기 수백 대를 헐값으로 구입하고 고철로 처리하는 사업으로 막대한 이익을 보았으며, 대한국민항공사(KNA, 현재 대한항공) 사장이 되었다. 대한국민항공사는 국내 노선을 운항했는데, 6.25전쟁 발발 당시 비행기가 징발되는 등 경영상 어려움으로 파산했다. 그러나 전시 중에도 비행기를 다시 들여와 국제노선에 취

항하는 등 경영 활성화를 위해 노력했으나 1958년 여객기 1대가 납북되어 재정적인 손실을 입은 뒤 계속 사업에 실패해 경영난이 악화되고, 제4대 국회의원선거에서 낙선하자 1961년 7월 16일 신용욱은 한강에 투신 자살하였다.
1949년 반민족행위특별조사위원회에 체포되어 조사를 받았으나, 특별검찰부 검찰관에 의하여 불기소처분을 받았다. 2002년 '민족정기를 세우는 국회의원모임'이 발표한 친일파 708인 명단에 선정되었으며 2009년 대통령 소속 친일반민족행위진상규명위원회가 발표한 친일반민족행위 704인 명단에도 포함되었다.

일본이 아시아태평양전쟁을 일으키자 당국은 1930년대말에 비행장 확장공사를 했다. 당시 동아일보 기사를 보면, 1937년에 기공식을 한 확장공사는 1939년 11월 25일에 완공했다고 한다.[동아일보, 1939.11.16일자]

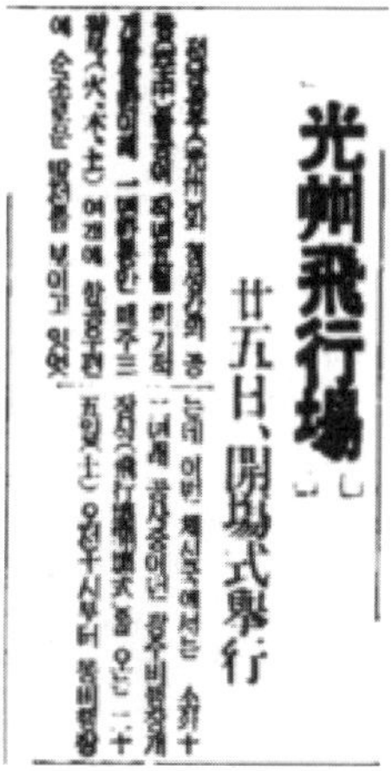

이 때 많은 노무자를 동원했고, 이 과정에서 사망한 피해자도 발생했다. 1896년 치평리 출생의 김*근은 1938년 2월 28일 공사현장에서 절벽이 무너져

그림 6. 1939년 11월 16일자 동아일보 기사

매몰되는 사고로 사망했다. 사망 당시 그의 나이는 41세였다.

국무총리 소속 대일항쟁기 강제동원피해조사 및 국외강제동원 희생자 등 지원위원회(이하 대일항쟁기위원회)가 파악한 숫자만 해도 160명에 달한다. 그런데 이들이 치평리비행장건설에 동원된 시기는 1944년 초~1945년 5월경이 다수를 차지한다. 일본의 패전직전까지 여러 차례의 비행장공사가 있었음을 알 수 있다.

일본 육군은 1942년에 치평리 비행장을 인수했다. 1945년 2월 일본 이즈미出水시에 있던 해군항공대가 해체되면서 남은 몇 기의 항공기들이 이곳으로 옮겨와 3월에 광주해군항공대가 편성 되었다. 대일항쟁기위원회가 확정한 피해자 가운데에서 '광주해 군항공대'로 동원된 피해자를 12명 확인할 수 있다.

일본정부가 작성한 자료[해군군속자명부 : 1993년 10월 9일 외무부가 일본정부 로부터 인수받은 명부로서 국가기록원이 정리하는 과정에서 '구해군군인이력원표|旧海軍軍人履歷 原表'와 '구해군군속신상조사표|旧海軍軍屬身上調査表'를 합하여 편의상 '해군군속자명부'라고 명 명]에는 '진해경비부 진해해병단' 소속 군인이 1945년 5월과 6월 경에 '광주해군항공대'로 전속 배치된 사례가 있다. 이들은 정비 병들이었는데, 당시 국민학교나 농업실업학교를 수료하거나 졸 업한 학력 소지자들이다.

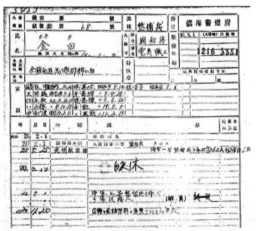

그림 7. 해군군속자명부에 기재된 광주해군항공대로 전속 배치된 청년의 기록

광주해군항공대가 편성된 후 치평리 비행장은 '요카렌豫科錬'양성기지가 되었다. 요카렌이란 일본해군비행예과연습생이나 해군소년항공병을 줄여서 부르는 말인데, 일제말기에 부족한 조종사를 양성하기 위해 급조한 훈련제도였다.

요카렌은 가미카제특공대원으로도 동원되었다. 치평리비행장에서 훈련을 받은 청년들이 자살특공대원이 된 것이다.

자살특공대 가미카제神風

가미카제란 한자로 신풍神風이라고 하는데, 일본에서는 '가미카제'보다 '신푸'라는 발음으로 더 많이 불린다. 예전에 몽골이 침략해왔을 때 태풍이 발생해 몽골의 함선이 바다에 가라앉는 바람에 일본이 안전할 수 있었다. 그런데 태풍이라는 기상 상황을 신이 바람을 보내서 일본을 보호해주었다고 신푸라는 이름을 붙였다.

가미카제는 구명 장치가 없는 장비를 이용한 자살특별공격대다. '일본 항공부대의 아버지'라 알려진 해군 제1항공함대 사령관 오니시 다키지로大西瀧治郎 중장이 자살특별공격대를 창안했다고 알려져 있지만, 실제로는 군사령 작전과에서 결정하여 명칭까지 붙인 후 하달했다고 한다.

자살특공대란, 사람을 무기처럼 사용하는 방법이다. 자살 특공 작전은 가미카제에만 있었던 것은 아니다. 신요震洋, 마루레マルレ, 가이텐回天 등 다양한 형태가 있었다. 인간어뢰나 잠수어뢰라고도 한다. 어뢰를 실은 배를 타고 적함에 돌격하거나, 모터보트에 폭탄을 고정해서 돌진하거나, 로켓을 분사하는 식으로 사람을 폭탄과 묶어서 쏘는 등등이다.

가미카제가 만들어진 배경을 알아보자. 일본은 1942년 미드웨이 해전에 참패하면서 전세가 기울자 항공전의 중요성을 깨닫고 1943년부터 대량으로 항공 요원을 확충했다. 항공전이란 항공 요원과 항공기 그리고 탑재한 무기나 설비 등이 제대로 갖추어져야 효과를 거두는 것이다. 그런데 당시 일본은 물자난과 인력난이 심각해서 비행기 생산이 수요를 따라가지 못했다. 이 삼박자를 갖추지 못하니 승리할 수가 없었다. 전세는 회복되지 않고, 해군 총사령관인 야마모토 대장까지 전사하자 일본 군부는 이런 급박한 상황에서 정상적인 방법으로는 도저히 이길 가망성이 없다고 판단하고 극단적인 방법을 생각했다. 최초로 실시한 것이 1944년 11월 필리핀에서 있었던 해군의 가미카제 출격이다.

특공 작전은 해군이 먼저 창설하고, 곧이어 육군에서도 만들었다. 당시 일본은 공군이 없었기 때문에 해군과 육군에서 각각 항공전을 담당하고 있었다. 이들 특공 작전이 거둔 효과는 그리 크지 않았다. 처음에 미군은 인간 육탄 공격에 조금 놀랐지만 실패율이 높다는 것을 알고 나서는 이내 관심을 거두게 된다. 실패율이 높았던 이유는 폭탄이 너무 무겁거나 속도가 맞지 않거나, 비행기 또는 어뢰의 기계 고장이 심했기 때문이다. 그래서 특공대원들이 목표물에 접근하기도 전에 어뢰나 비행기에 갇혀 질식사하는 일까지 있을 정도로 제품이 형편없었다. 허무한 죽음이었다.

자살특공대로 동원된 사람들

특공대는 1944년 8월 21일부터 1945년 8월 15일까지 총 647부대가 있었다. 단기간 동안 상당히 많은 부대를 편성했다. 더구나 전쟁이 끝난 후에도 세 개 부대가 편성되었다.

특공대원들을 조달하는 방법은 다양했다. 일단 해군에서는 해군소년비행병제도에 따라 운영되는 연습생들이 있었고, 해군특별지원병제도에 의해 1943년 8월에 동원된 지원병도 있었다. 1944년 11월에 일본 해군으로 징병된 일반 군인들도 있었고, 육군에서도 해군과 같이 소년비행병제도가 있었다. 그리고 육군특별조종견습사제도에 따라 교육 과정을 밟은 사람들도 있었고, 항공기승원양성소라고 해서 승무원을 양성하는 기관을 거친 사람들도 있었다. 육군과 해군 모두 다 운영한 기관이다. 이들은 모두 단기간 훈련을 받고 조종사가 되는데, 이들이 바로 특공대원의 후보 인력이었다. 이같이 별도의 특공대원만을 양성하는 부대가 있었던 것이 아니라, 각 부대에서 차출하는 방식이었다.

학도지원병 가운데 차출되어 특공대원이 된 사람들이 있었다. 특히 일본인 특공대원 가운데 대부분은 학도지원병이었다. 일본인 특공대원은 주로 해군의 비행 예과 연습생[요카렌]과 학도 지원병이었다. 경험자의 이야기를 들으면, 장교들이 강제로 '지원'하도록 명령을 내리기도 했다. 지원이라는 이름이 무색했다. 그나마 전쟁이 끝나기 몇 달 전부터는 형식적인 '지원' 절차도 없어졌다. 무조건 차출이다.

일본군이 남긴 기록에는 '지명指名 명령'이라는 표현도 나온다. 여태순이 지은 『그날 오키나와 하늘에서』에 따르면, 지명을 받았으나 특공 출격 명령을 받고 대기 중에 종전을 맞아 살아남은 특조 1기생 출신의 일본인이 "막상 특공대원으로 지명 명령을 받고 나니 가슴이 막 벌렁벌렁 뛰고 다리가 후들후들 떨리며 그 자리에 폭삭 주저앉을 것만 같은 충격"을 받았다고 회고했다.

자살특공대가 된 조선 청년들

특공대원으로 사라진 청년들 속에 조선 청년도 있었다. 조선인은 모두 5000명가량 동원되었다고 하는데, 특히 학도지원병들은 강제로 '지원'하도록 명령을 내렸으니 거부할 수 없었다. 대략 조선인 학도지원병 가운데 1,000명이 넘는 이들이 특공대원으로 전쟁터에 나섰다고 한다. 학도지원병의 30% 정도가 동원되었다고 볼 수 있다. 일본에 배치된 학도지원병은 대다수라고 할 정도로 동원된 비율이 높다. 군당국은 일본 지역에 배치된 학도병을 모아놓고 '열망한다', '지망한다', '지망하지 않는다'의 세 가지 항목 중 하나를 선택하게 했다. 그런데 상관이 보는 자리에서 '지망하지 않는다'에 동그라미를 칠 용기를 가진 병사란 없다. 어차피 지망하게 할 테니 굳이 구타를 자처할 필요는 없었다. 이런 식으로 특공대원에 선발되고 나서는, 기회가 있어도 탈출하지 못했다. 고향의 가족에게 가해질 보복이 두려웠을 것이다.

학도지원병 외에 특공대원이 된 경우는 특별조종견습사관학교에 동원된 청년들이다. 1943년 6월에 일본 수상 조조 히데키는 공군력을 단시일 내에 증강시킬 수 있는 방법을 사용하기 위해 수상과 육군대신의 최대 권한을 행사하여 항공기의 대량 생산과 비행기 조종 요원 확증에 착수했다. 1943년 7월 대학 예과나 전문학교 재학 또는 졸업생을 대상으로 조종 적격자를 지원하게 하여 처음부터 조장 계급을 주고 1년 동안 훈련 교육을 시키고, 그들이 졸업할 때 소위에 임관해 일선 파일럿으로서 전쟁터로 내모는 방법이다.

그 외에 소수지만 소년병학교를 통해 조종사가 되는 경우도 있다. 주로 전쟁 이전부터 일본에서 살았던 소년들이다. 부모가 일반 도일자로 일본에서 생활하던 중 전쟁을 맞은 아이들이다. 물론 이들이 특공대원이 되기를 원해 소년병학교에 입학한 것이 아니다. 너무 어려서 아무것도 모르고 그저 금단추가 반짝이는 제복을 입는 소년병학교에 들어갔다가 특공대원이 된 것이다. 당시 일본에는 소년병학교를 홍보하는 노래가 유행하고 있었다. 많은 사람들이 부러워하는 엘리트 코스로 선전한 것이다. 가난하고 배운 것 없는 그 어린 10대 소년들이 무엇을 알았겠는가. 개중에는 소년병학교에 들어가 군인이 되는 길이 차별 없이 일본인과 동등한 권리를 가지게 되는 방법이라고 생각한 소년들도 있었다. 지금도 해외에 파병되는 미군의 대부분이 남미나 동남아시아 출신이고, 이들이 시민권을 따기 위해 입대하는 것과 같은 것으로 이해하면 될 것 같다. 이런 식의 속임수와 허영심을 가장한 동원이 바로 일본 전시체제기의 특징이다.

지금 지란(知覽, 가미카제 특공대가 출격하는 비행장이 있었던 곳)에는 당시 활주로로 사용했던 장소에 '지란특공평화회관'이라는 시설이 세워져 있다. 2001년 일본에서 개봉했고, 한국에서도 개봉한 일본 영화 〈호타루(반딧불)〉에서도 조선인 가미카제 특공대원들의 이야기가 나온다. 지란특공평화회관에는 17명의 조선인 이름이 새겨져 있다.

한국인 희생자를 추모하는 비석에는 "〈아리랑〉 노래 소리 멀리 멀리/ 어머니의 나라를 그리워하며/ 부서진 꽃 꽃······"이라고 적혀 있다.

이들이 어머니의 나라를 그리워하며 특공대원으로 사라진 이유는 무엇일까? 〈호타루〉에서도 표현한 것처럼 최소한 일본을 위해서 특공대원이 된 조선인은 없었다. 일본을 위해 특공기에 올랐다면 〈아리랑〉을 부르거나 '어머니'만 찾았겠는가. '일본국 만세'나 '천황 만세'를 소리쳤겠지. 시대가 낳은 희생양이다.

6.25전쟁 발발 후 상무지구와 쌍촌리 주변 지역이 군용지로 편입되었고 1951년에 미군 공병대가 상무지구를 훈련장으로 개조하면서 비행장의 쓰임새는 여전히 유지되었다. 그 후 1952년에 이 자리에 상무대가 들어오면서 비행장 자리도 상무대 비행장으로 사용되었다.

치평리 비행장은 상무대 비행장이 된 후 1964년에 광산군 신촌리로 이전할 때까지 민간여객기의 공항으로 사용되었다.

그림 8. 민간비행장으로 사용하던 당시 모습

민간비행장이 이전된 후 치평리 비행장은 활주로 등 시설 확장공사를 거쳐 1967년부터 공군 제1전투비행단의 기지로 활용되었다.

1980년 5월 광주민주화항쟁 당시 계엄군 지휘본부로서 저항의 표적이 되었던 상무대는 1991년 광주시민의 공원으로 제공하기로 하고, 1995년에 장성군으로 이전했고, 치평리 비행장도 비행장으로써 역할을 마쳤다.

광주의 일본군

역사적으로 광주는 예술의 도시, 교육도시와 함께 군사도시로써 오랜 역사를 가지고 있다.

광주에는 조선 초기까지 '전라병마도절제사영全羅兵馬都節制使營' 즉 전라병영[지금 광주공항 부근]이 있었는데 여러 차례 강진으로 이전하기는 했으나 1895년까지 유지되었다.

1895년 을미개혁에 의해 육군편제가 마련될 때 광주에는 광주지방대가 설치되었고, 러일전쟁 시기인 1905년 4월에는 '진위보병 제4대대'로 개편되었다.

일제의 강제병합과 함께 광주지역의 조선 군대 주둔지는 일본군 주둔지로 탈바꿈되었다.

1906년 6월에 중대 규모의 일본군이 광주에 체류 중인 일본인들을 보호하고 의병을 진압한다는 명목으로 배치된 후 1907년 8월 광주진위대가 해산되자 옛 전남도청 앞에 있던 주둔지마저 일본군 차지가 되었다.

이후 1919년 3.1운동과 1929년 11월 광주학생독립운동이 일어났을 때 일시적으로 주둔하던 일본군 병력은 아시아태평양전쟁이 막바지에 접어들면서 다시 광주로 집결하기 시작했다.

1945년 1월 일본이 수립한 제국육해군작전대강에 의하면, 조선군[조선에 주둔한 일본군을 지칭]을 제17방면군과 조선군관구로 창설하고, 광주·전남지역에는 제17방면군의 예하부대인 제150사단[사단장 三島義一郎]을 배치했다.

제150사단의 중추 병력은 주로 효고兵庫현 히메지姬路 출신 일본인과 광주·전남지역의 조선인·일본인으로 충원되었는데, 해방 당시 병력은 14,000명에 달했다고 한다.

또 하나의 부대는 조선군관구 예하부대인 광주사관구光州師管區[사령관 下野一瑾 중장]이다. 7천명의 병력이 광주부를 거점으로 나주, 전주, 송정리, 순천 등지에 배치되었다. 여러 사정으로 소집이 연기된 일본인들이나 징병연령에 미달된 19세 미만의 조선 청년들을 강제로 동원해 해안방어진지 구축 공사에 투입했다고 한다.

1945년 8월 일본이 패전하자 일본군은 목포와 부산 등을 통해 철수하고 조선청년들은 고향으로 돌아왔다. 일본 군인들은 대부분 연말까지 철수했으나 일부 병력은 무기와 탄약처리 등을 위해 잔류하다가 1946년 4월에 모두 철수했다.

일본군이 철수한 현장은 이후 한국군 주둔지와 육군교육기관인 상무대尙武臺로 사용되다가 상무대가 1994년에 장성군 삼서면으로 이전하고, 향토방어사단인 31사단이 대신 자리를 지키고 있다.

그림 9. 민간비행장 당시 공항을 이용하던 대한항공 소속 비행기 모습. 신용욱이 설립한 민간항공 회사(대한국민항공사, KNA)의 후신

그림 10. 현재 비행장 자리. 치평동 전남고 방향에서 상무소각장 방향을 바라본 모습

2. 유류저장소인가? 화정동의 군사시설물

찾아가기

대중교통

○광주역 출발시

▲ 송암 72, 첨단 30, 임곡 89 → 양동시장(북) 정류장 하차(3개 정류장 이동. 5분) → 풍암 61로 환승 후 쌍촌시영아파트 정류장 하차(7개 정류장 이동. 13분) → 도보 이동(5분)

○광천터미널 출발시

▲ 금호 36 → 쌍촌시영아파트 하차(7개 정류장 이동. 12분) → 도보 이동(5분)

승용차

▲ 광주 서구 화정동 512번지

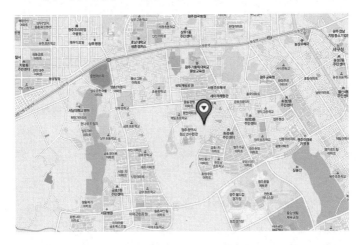

조선 후기에 군익면에 속했다가 1914년에 극락면으로, 지금은 서구 화정4동이 된 마을의 옛 이름은 반구盤拘 마을에서 방구ㅎㅁ 마을이다.

화정동은 화정동[1955년]에서 상무동[1961년]으로, 다시 쌍촌동과 화내동[1979년]으로 나뉘었다가 화정동이라는 이름을 되찾았다. 이 같이 해방 이후에도 마을의 이름은 여러 번 바뀌었으나 변함없이 자리를 지키고 있는 곳이 있다. 광주학생독립운동기념관과 광주시청소년수련원 사이에 있는 3개의 동굴이다.

1945년 8월 일본이 패전하고 광주의 일본인과 일본군이 사라지자 몇 몇 동네 사람들은 동굴을 찾았다. 무엇이 들어있을까.

"동굴 안에는 드럼통이 많이 쌓여 있었어. 우리 친척이나 동네 사람들이 그 드럼통을 굴려가꼬 나와서 기름집에 팔아 먹었당게. 동굴에서 기름 냄새도 많이 나고 그랬었제"

이 이야기를 참고할 때, 이 주변에 비행장이 있었으므로 비행기에 사용할 유류저장소로 추정된다.

이 동굴은 전북지역 노무자들이 팠다고 하는데, 언제 팠는지는 알 수 없다. 동굴은 일정한 간격의 판자를 대서 전체적인 동굴의 모양을 만드는 기법을 사용한 시멘트 구조물이다. 동굴 바닥양 끝에 일정한 간격으로 물길이 나 있다. 이런 기법은 당시 일본군이 일반적으로 사용한 건축 기법이기도 하다.

세 개의 동굴은 모두 높이는 3~4미터이고, 길이는 각각 80미터, 70미터, 50미터 가량 된다. 차량이 드나들 수 있을 정도의 규모이다. 규모나 보존 상태를 볼 때, 한반도 남쪽 지역에서 확인된 군사시설물 가운데 가장 양호한 상태의 구조물이다. 이같이 양호한 상태의 동굴이지만 세상에 알려진 것은 오래되지 않는다.

마을에서 나고 자란 김준호씨 등 몇몇 마을 토박이 주민들 사이에서나 알려져 왔지만 그동안 이 시설물에 특별한 의미를 부여하지 않아왔기 때문이다. 그러다 2013년 여름 전직 기자 출신이었던 고강인, 안현주씨 등이 마을 소식지 작업을 위해 취재하다 이 시설물에 주목하게 되었고, 동굴이 세 개나 되는 것도 이때 확인하게 된 것이다. 여기에 탐사과정에서 마을 사람들의 이야기를 듣게 되었고, 전문가의 견해도 수집했다.

그림 12. 화정동 일제 군사용 동굴이 위치한 투시도. (A)와 (B)동굴은 광주학생독립운동기념관 진입로와 주차장 방향으로 설치돼 있으나 절개된 흔적이 있으며, (B), (C)동굴은 서로 입구를 마주하고 있다.

해방 후 이 동굴은 동네 꼬마들의 담력 테스트장이 되기도 했다.

"동굴은 어둡고 깊었어. 무서워서 혼자서는 절대 못 들어갔어. 나무에 송진불 붙여서 5~6명이 조를 짜서 동굴에 들어갔었제" [마을 주민 손두엽]

이렇게 무서운 곳에 들락거리는 아이들은 담력이 있는 아이로 인정받았다. 동네아이들의 놀이터로 전락했던 동굴은 6.25가 터지자 국군의 탄약고와 인민군 주둔지가 되었다.

"국군이 퇴각하니까 빈 굴에 인민군이 진입을 했제. 듣기로는 인민군의 광주전남 본부가 됐다고 하더라고. 당시에 인민군이 우리 방구마을로도 자주 찾아왔어. 먹을 것은 전부 다 가져갔제."[마을 주민 김준호]

인민군은 1950년 7월부터 9월 28일까지 광주에 머물렀고, 동굴은 인민군의 차지가 되었다. 인민군이 퇴각한 후 동굴은 다시 국군시설로 수용됐다. 1974~1981년간 육군화학학교가 연막탄 체험화생방 훈련장으로 사용했고, 그 이후에는 보병학교 훈련장으로 사용했다. 1990년대 상무대가 이전한 후에는 자물쇠로 굳게 잠겼다.

그림 13. 화정동에 위치한 (A) 동굴. 2013 한일청소년평화교류에 참석한 학생들이 동굴 입구를 둘러보고 있다.

그림 14. (A)동굴 입구에 쌓인 돌무더기.

그림 15. (A)동굴 내부 모습. 천정과 바닥 등 외관이 견고한 콘크리트로 조성돼 있다.
(B), (C) 동굴 내부도 마찬가지다.

그림 16. (A)동굴 중간 부분. 천정에서 침수로 인해 토사가 흘려 내려 쌓여 있다.

그림 17. 광주학생독립운동기념관 진입로 방향으로 뚫려있는 (A) 동굴 끝부분. 원래는 더 길었으나 광주학생독립운동기념관 조성 공사 중 끝부분을 절개하고 환기구만 설치한 후 마감한 흔적을 확인할 수 있다.

그림 18. 동굴(B), 동굴(C) 입구. 동굴 입구를 마주하고 있다

그림 19. 동굴(B) 입구 모습.

그림 20. 동굴(C) 입구에서 바라본 내부 모습. 양쪽 출입구가 뚫려있다.

3. 가네가후치 전남공장 자리

찾아가기

대중교통

○ 광주역 출발시

▲ 송정98, 금남58, 임곡89→태봉새마을금고 정류장 하차(3개 정류장 이동. 5분)→도보 이동(7분)

○ 광천터미널 출발시

▲ 일곡38→임동 주민센터 정류장 하차(6개 정류장 이동. 9분)

▲ 518→임동오거리 정류장 하차(2개 정류장 이동. 6분)→도보 이동 (10분)

승용차

▲ 광주 북구 서림로 60 (북구 임동 100번지)

임동에는 전남방직과 일신방직 건물이 정문을 달리한 채 각각 등을 대고 서 있다. 해방 이전에 가네가후치鐘淵의 방적공장이었던 전남공장과 광주양잠장이 있던 곳이다. 가네가후치鐘淵 방적

을 줄여서 가네보鐘紡라 부르기도 한다. 가네보는 미쓰이三井 계열의 회사였다. 미쓰비시三菱, 스미토모住友와 함께 당시 일본 3대 재벌로 일컬었고, 현재도 금융, 철강, 제조업 등 다양한 부문의 기업을 거느리고 있다.

1945년 해방 당시 조선에서 운영 중인 방적공장 가운데 가네가후치 전남공장은 조선방직에 이어 두 번째로 많은 노동력을 동원한 곳이었다.

방적공장의 직종별 민족별 노동력 구성(1945년)[1]

회사 이름	민족별 구성	직원	노무자
조선방직(주)	조선인	–	3,080
	일본인	150(50)	40
	계	150(50)	3,120
조선면화(주)	조선인	–	117
	일본인	11(4)	3
	계	11(4)	120
가네가후치鐘淵공업 (주) 전남공장	조선인	7(3)	2,470
	일본인	123(98)	10
	계	130(111)	2,480
대일본방적(주)	조선인	–	334
	일본인	32(24)	64
	계	32(24)	398
조선 구레하吳羽방적	조선인	35(2)	231
	일본인	22(16)	29
	계	57(18)	260
조선대화방적(주)	조선인	28(5)	450
	일본인	62(16)	28
	계	90(21)	478

* ( ): 직원 중 기술직

전남에 방적공장과 양잠장을 세운 가네가후치의 역사는 1887년 일본 도쿄東京에 문을 연 도쿄면상사東京綿商社에서 시작된다. 도쿄면상사는 1889년에 도쿄 스미다무라隅田村에 공장을 설립하고,

1) 자료 : 山口文書(강이수, 「1930년대 면방대기업 여성노동자의 상태에 관한 연구」, 이화여자대학교 박사논문, 1991, 76쪽 재인용)

조업하기 시작했다. 1893년에 가네가후치방적(주)[일명 가네보]로 회사명을 변경했다.

미쓰이三井 자본 계열인 가네보는 면방적과 견방적 관계회사를 흡수 합병하여 1910년대에 일본의 6대 방적공장의 하나가 되었고, 1920년대 중반[쇼와昭和 초기]에는 일본 국내 기업 중 매출액 1위를 달성할 정도로 성장했다. 도쿄 본사 외에 일본 고베神戶와 오사카大阪에 지점을 두었고, 한반도에도 경성[남대문통 2정목 130]에 출장소를 설치했다.

조선에 들어온 가네보는 처음에는 생사生絲 부문에 진출해 1925년 11월 동대문 제사공장을 필두로 경성(동대문, 영등포), 철원, 광주에 제사공장을 설립했다. 1935년 이후에는 경성과 광주에 방적공장을 설립했고, 1937년 이후에는 평양과 신의주, 주을 등지에 인견공장을 설립했다. 1940년대에는 춘천, 전주(저마 방적), 대전(저마 방적), 군산, 대구(방직 가공) 등 주요 도시에 제사 · 방적공장과 양잠소를 설립 운영했다.

가네보가 조선에 등장한 배경은 1930년대 일본 경제 상황과 조선의 여러 조건이 자리하고 있다. 1930년대 일본의 유수한 방직 자본은 공황을 타개하기 위해 광폭 면포를 식민지와 점령지역에서 직접 생산하기 시작했다. 가네보도 1934년 일본방적연합회의 카르텔을 탈퇴하고 조선 및 만주의 수요에 대한 전망과 저렴한 임금 등을 고려하여 광폭 면포를 조선에서 생산하기로 결정했다.

1944년에 견펄프 제조 등을 담당했던 가네가후치 실업과 합병해 가네가후치공업으로 이름을 변경했다. 1944년 12월 조선총독부가 발표한 제1차 군수공장 지정 대상에는 가네가후치공업도 포함되었다. 이 조치에 따라 소속 작업장도 모두 군수공장으로 지정되었고, 소속 노무자는 모두 '피징용자'로 전환되었다. '징용'된 노무자들을 착취할 수 있는 합법적인 길이 열린 셈이었다.

스미다무라隅田村에 설립된 가네가후치鐘淵방적의 모습

광주 학동과 임동은 가네보 제사공장과 방적공장, 양잠소가 있던 자리이다. 방적공장에 앞서 제사공장이 1929년 기공식을 거쳐 1930년 8월부터 조업을 시작했다. 숭의실업고등학교였고 현재 학동 삼익 평화맨션(동구 학소로 125)이 있는 자리이다.

가네보가 광주에 제사공장을 설립한 이유

첫째, 다른 대 제사자본이 먼저 조선에 진출하였기 때문에 원료 확보라는 측면에서 다른 자본과 경쟁이 비교적 수월했다. 당시 경북지역에는 이미 일본의 큰 제사자본이 3개[가타쿠라片倉, 야마주山十, 조선생사朝鮮生絲]나 터전을 잡고 있었으나 전남지역에는 전남도시제사가 유일했다.

둘째, 전남지역은 다른 남부지역과 더불어 누에고치 생산이 상대적 과잉이었을 뿐 아니라 저렴했기 때문이다. 뽕잎 생산비가 일본이 1관당 12전인데 비해 전남의 경우는 그 절반 수준이었고, 누에고치 생산비의 중요한 부분을 차지하는 양잠 노임도 일본의 절반에 미치지 못할 정도로 저렴했다.

조선총독부는 1932년부터 양잠모범지구를 설치하기 시작하여 전국에 규모를 확대했다. 이런 조치에 힘입어 가네보도 전남농촌지역에서 토지를 매입한 후 경영하여 양잠장에 조달했다. 가네보가 전남지역에 조성한 직영 뽕나무 밭은 곡성·광산·나주·담양·영광·장성·함평·화순 등 8개군 22개면으로 주로 광주와 비교적 가까운 지역이었다.

셋째, 풍부한 목화 산지라는 점이다. 원래 전라도는 목화산지로 유명한 곳이었다. 1830년대 전라관찰사를 지낸 서유구는 『완영일록完營日錄』이라는 책에서 '광주에서는 산인지 밭인지 구분이 가지 않을 만큼 목화를 많이 재배한다'고 기록했다. 20세기 초에 나온 자료에서도 당시 광주의 40여개 면 가운데 목화농사를 짓지 않는 면은 하나도 없다는 내용이 나온다고 한다. 이와 같이 풍부한 목화로 짠 무명베는 함경도의 북어와 교역되었다는 일본인 여행가 쓰키다月田藤三郎(농상무성 관료)의 기록도 있다.

이와 같이 지역의 특산물로 사랑받던 토종 목화는 1920년대에 당국에 의해 퇴출되고 그 자리는 미국에서 들어온 육지면이 차지하게 되었다. 당국이 토종 목화를 퇴출한 이유는 육지면에 비해 솜이 많이 나오지 않고 공장에서 방적기를 사용해서 실을 잣기에는 섬유가 너무 짧고 거칠다는 점 때문이었다. 토종 목화를 대신한 육지면은 전남에서 매년 2천만근의 목화솜을 생산했다. 2천만근의 목화솜은 전국 목화의 25%에 달했고, 티셔츠를 6,600만장 만들 수 있을 정도의 양이었다.

네 번째 화순 탄광이 인접했다는 점이나 광주천 상류에서 제공하는 공업용수가 풍부하다는 광주의 입지 조건이다. 석탄은 공장을 가동하는데 필수적인 동력이었으므로 가네가후치공업은 아예 화순탄광을 매입해서 광주의 방적공장으로 이어지는 수송철도를 부설해 안정적인 원료 공급 체제를 갖추었다. 화순에는 12개의 탄광이 있었는데, 가네가후치공업은 그 가운데 규모가 큰 무연탄광 4개소를 매입했다.

광주제사공장에서는 안정된 원료공급을 위해 직영으로 뽕나무 밭(桑田)과 양잠장도 운영했다. 1935년에 광주양잠장은 쇼와昭和산업으로 이관되면서 이름이 광주양잠소로 바뀌었다가 1943년에는 쇼산昭産양잠장으로 다시 변경되었다.

광주에 제사공장이 들어선 후 가네보는 방적공장 설립을 구상하게 되었다. 1930년대초 경제공황에 허덕이던 일본의 큰 방직회사들이 조선에서 면포를 생산하기 시작하자 가네보도 광폭 면포를 조선에서 생산하기로 결정했기 때문이다.

가네보가 대규모 방적공장 건립 계획을 세우자 전남도에서는 적극적인 유치전에 나섰다. 당시 전남지사와 상공회의소 임원들이 일본 본사를 찾아가 공장 건설에 따른 편익제공을 약속하는 등 적극성을 보인 결과, 전남공장의 입지가 결정되었다.

1934년 3월 가네보는 임업시험장과 논밭이었던 하야시쵸林町을 부지로 선정하고 공사에 들어갔다. 총공사비 6백만엔을 들여 총 10만평 부지에 방적공장 55,000평과 기타 위락시설 등을 조성하는 공사는 1935년 8월에 완공했다. 시민위락시설의 하나로 수영장이 문을 열었고, 식물원과 동물원, 공설운동장도 만든

다는 계획이었다. 그러나 전시체제에 들어서면서 계획은 계획으로 끝났다.

이 공장은 면사, 면포, 대마혼방, 기타 직물 등을 한 곳에서 생산하는 일관체제로 운영되었다.

> **일관 생산 체제**
>
> 조면繰綿과 : 목화[실면]에서 종자를 분리하여 원면을 생산
> 방적紡績과 : 원면을 여러 공정을 거쳐 실로 제작
> 직포織布과 : 역적기를 이용해 직물을 제작
> 가공과 : 표백과 염색, 기모起毛를 한 후 검사와 포장을 거쳐 상품으로 완성

대부분의 방적공장은 생산 체제가 흩어져 있어서 원단 공급이 원활하지 않았다. 조선 최대의 규모를 자랑한 조선방직은 직포공장과 방적공장이 같은 지역에 있기는 하였으나 제1공장과 제2공장으로 분리되어 있었고, 경성방직은 직포공장은 영등포에, 방적공장은 시흥에, 조면공장은 황해도 은율과 남천에 두는 등 여러 지역에 흩어져 있었다. 이에 비해 가네보 공장은 유일하게 같은 건물 안에서 직포와 방적이 이루어졌다.

당국의 육지면 보급정책에 따라 전남이 전국에서 대표적인 육지면 생산지역이 되었지만, 1930년대 후반까지 가네보는 육지면 대신 주로 미국과 영국에서 수입한 원면을 사용했다. 그러나 1931년 일본의 만주침략 이후 중일전쟁으로 전선이 확대되면서 원면의 수입은 원활하지 않게 되었다. 특히 일본 면화수입의 90% 이상을 차지하던 미국과 영국이 일본에 원면 수출을 금

지함으로써 조선산 면화[육지면]에 대한 의존도가 매우 높아졌다.

미국과 영국의 원면 수입이 중단된 후에도 육지면 수요가 급격히 늘어난 것은 아니었다. 일본이 재배를 강요한 육지면도 고품질의 면제품을 만들기에는 적합하지 않았던 것이다. 가네보 전남공장은 이 문제를 해결하기 위해 1939년 이후 조선의 대마와 아마의 면화(綿化)를 적극 연구하여 상당한 성과를 거두었고, 공장 규모도 확대했다. 평양공장에서 대마를 면으로 바꿔서[면화綿化. 1일 4톤 생산]하여, 전남공장으로 보내면 면방기에 걸어 방적을 하는 방식도 도입했다.

가네보공장은 1942년에 화재를 겪기도 했다. 가네보는 1944년 가네가후치鐘淵공업으로 바뀌었고, 사람들의 호칭도 가네보에서 '종연'으로 바뀌었다. 이 시기에 생산된 직물은 주로 군부대의 의류품으로 납품되었다.

가네보공장이 들어선 임동은 1930년대 초까지도 인구 수백 명에 불과한 작은 동네였다. 수초가 무성하고 농업학교와 임업시험장, 실습장, 종묘장, 형무소 농장이 있던 한적한 지역에 공장이 들어서면서 주민 수는 3천명이 넘었고, 여성이 남성의 두세배에 달할 정도가 되었다. 가네보공장이 운영한 기숙사 때문이었다.

방적공장의 기숙사제도는 가혹한 노동으로 인한 결근율과 이직율을 낮추고 주야 2교대 작업을 원활하게 하며 노동자를 통제하기 위한 목적 아래 운영된 제도였다.

가네가후치鐘淵공업 방적공장의 소녀들 : 죽거나 미치거나

거대한 방적공장은 이천 오백여명에 달하는 소녀들의 작은 손에 의해 돌아갔다. 그러나 그에 대한 대가는 하루 7~8전에 불과한 임금과 가혹한 노동 환경이었다.

공장과 기숙사, 식당을 같은 건물에 배치해 소녀들을 바깥세상과 단절시켰다. 건물 밖 운동장에는 테니스장과 수영장도 있었으나 여공들은 한 번도 그곳에 가보기는 커녕 쳐다본 적도 없었다. 일단 공장에 들어선 소녀들은 죽거나 미치지 않고서는 공장 문을 나설 수 없었다.

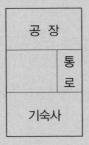

소녀들이 처한 열악한 상태는 전쟁이 시작되기 전부터 별반 차이가 없었다.

어린 나이에 집을 떠나 엄격한 규율을 강요하는 공장 기숙사에 수용된 자체가 아동들에게는 대단한 공포였으나 챙겨주는 이 없었다. 오히려 가혹한 노동환경이 기다리고 있었다.

어린 소녀들은 팔도 닿지 않는 어른용 기계 앞에서 하루 12시간 이상의 노동을 해야 했고, 부실한 식사와 감독자의 가혹 행위도 여전했다. 특히 고온다습하고 먼지가 많은 작업장은 소녀들에게 큰 고통을 주었다. 10살 전후의 어린 여공이 집중되어 있는 정방실은 실내가 건조하면 실이 끊어지기 쉬우므로 천장에 설치되어 있는 분무장치로 계속 물을 뿌리게 되어 있었고 실내 온도도 섭씨 30도 이상 유지해야 했다. 실의 광택을 위해 채광과 통풍도 하지 않았다.

이 때문에 대부분의 소녀들은 습진과 땀띠, 부스럼 등의 피부병으로 고생했고, 먼지로 인한 호흡기병과 폐결핵에 걸리는 경우가 많았다. 하루 종일 서서 일하는 자세로 인해 각기병에 걸리거나 월경불순, 불임 등에 걸리는 경우도 다수였다.

솜먼지가 풀풀 나는 곳에서 창문도 열지 못하고 일을 하는 소녀들은 부실한 식사로 폐렴과 장티푸스, 각기병, 늑막염 등 각종 질병에 시달리며 어린 생명을 마감하기도 했다. 생산속도를 요구하는 작업방식으로 인해 기계에 신체의 일부가 말려드는 노동재해도 빈번했다. 기계 조작이 미숙한 아동들에게 감독관의 폭행은 일상화되어 있었다. 많은 소녀들이 상습적인 구타를 경험했고, 장해를 입거나 정신질환에 걸리는 소녀들도 있었다.

"한번은 나랑 언니들 몇이서 일을 잘못한다고 전부 깨를 홀딱 벗겨. 빤쓰도 벗기고 가슴도 드러나게 해가지고 기숙사 방마다 끌고 다니면서 곤란하게 하고 매질도 했댔어."

"내 말 안 들으면 느그 말 안 들어주겠다. 느그 집에서 식구들이 죽는다고 해도 안 보내줘. 아파서 집에 가고 싶어도 절대 안 내. 느그 가족들이 찾아와서 지금 찾아달라고 해도 절대 안 찾아줘. 외출도 안 시켜줘."

기숙사 사감은 늘 이런 말로 어린 소녀들을 위협했다.

가네보 공장의 열악한 노동환경은 당시 사회문제가 되기도 했다.

가네보 경성공장에서 일어난 빈번한 여공 탈출 사태와 관련해 조선일보에 실린 기사 내용[1937년 2월 4일자]

"이미 모집된 여공들은 고향에서 면 사무소 학교장으로부터 호조건하에 권유를 받아 앞날의 희망에 불타 응모한 자가 대부분이지만 실제 응모해보면 하루 노동시간은 매일 오전 7시부터 오후 7시까지 12시간이고 게다가 공임은 겨우 25전 내외로 그 중 기숙사의 식비 등을 공제하면 하루 7, 8전 밖에 남지 않기 때문에 이것도 신체 건강한 여공의 일이고, 2, 3일 아프기라도 하면 오히려 부족하고 게다가 식사 등도 지극히 조악하므로 오히려 고향에 돌아가 친형제들과 함께 생활하는 것이 좋겠다고 하므로 엄한 감시의 눈을 피해 탈출을 결심하기에 이른 것이다. 현재 1일 오전 1시경에도 강금순 등 7명이 탈출하여 그 고향인 경북 아동으로 가려고 경인 가로에서 길을 잃고 있는 것을 순찰 중인 오류동 주재소원에게 친절하게 보호된 사실이 있고 이런 상태로는 장래 여공의 모집에 큰 영향을 미칠 것이다."

이러한 상황은 전시상태가 된 후에는 더욱 심해졌다.

현재 정부가 확인한 가네보 전남공장에 동원된 여성은 34명이다. 이들 가운데 광주 출신은 한 명도 없고, 모두 전남[24명]과 전북[11명]출신이다. 전남이라 해도 완도나 고흥, 보성 등 광주에서 멀리 떨어진 섬 지역이 많았다.

동원 당시 연령을 보면, 평균연령은 12.8세였다. 34명 가운데 9명이 12살의 나이로 공장에 들어갔고, 9세 소녀도 1명 포함되어 있다.

미처 13살도 안 되는 평균연령은 1932년에 일본이 가입한 국제노동기구ILO 최저연령 노동제한 규정[1937년 협약 : 15세 미만 아동의 노동을 금지]은 물론, 일본이 마련한 강제동원의 법적 규정[1941년 국민 징용령 : 16~25세 미만 여성 동원 가능. 1944년 근로보국대령 : 14~40세 여성]에도 미치지 못하는 나이였다.

34명 가운데 2명이 손목이나 손가락 절단의 장해를 입었고, 1명은 작업 중 사망했으며, 1명은 감독자의 구타로 인해 정신질환이 발병하여 귀가한 후 사망했다.

가네가후치鐘淵공업 방적공장의 소녀들 : 담을 넘자!

일할 사람이 부족하다고, 한쪽 팔을 잃어도, 한쪽 눈이 멀어도 공장 문을 나설 수 없었다. 가끔 시혜를 베풀 듯 주어지는 외출이 고작이 었다. 주변의 동료들이 질병과 사고로 죽어나가는 것을 보면서 소녀 들은 지독한 공장에서 벗어나는 일은 '탈출'밖에 없다고 생각했다. 공장측은 감옥처럼 망루를 설치해 감시하거나 울타리와 담으로 둘러 쌓았으며 탈출을 시도하는 소녀들에게 가혹하게 응징했으나 여공의 탈출은 계속되었다.

"공장에 입사한지 3,4개월만에 도망가는 여공들이 제일 많았다. 도망가 다 담벽 철조망에 걸리기도 하고 다리를 다치기도 했다. 도망가다 걸리는 여공을 한 달에 두어 번 정도 보았는데, 조선 사람에게 걸리면 가끔 봐주 는 경우도 있었지만, 일본 놈들에게 걸리면 많이 맞았다."

"도망가다 다치는 사람도 많았고, 나가지 못해 지 바람에 미치는 사람도 있었다. 여공이 도망가면 기숙사에 소동이 일어나고 잡히면 옷을 벗겨서 방방이 끌고 다니며 창피주고 매질을 했다. 도망가다 잡히면 심하게 맞 는 것이 보통이었지만 때로는 수위들이 비밀로 해주는 조건으로 성관계 를 요구하기도" 했다.

이러한 가네가후치 공장의 열악하고 가혹한 실태는 점차 세상 에 알려져 공장은 기피의 대상이 되었다. 탈출을 감행하다가 목 숨을 잃는 여공들의 소식도 끊이지 않았다. 어느 해인가에는 한 소녀가 하수구를 통해 공장에서 도망치려다가 때마침 삼 삶은 뜨 거운 물이 하수구로 쏟아져 들어오는 바람에 목숨을 잃기도 했다.

공장측은 노동력을 충원하기 위해 방법을 가리지 않았다. 1945년 3월, 담양에서 12살 짜리 소녀를 비롯한 여성 9명을 트 럭에 실고 오기도 했다. 조선총독부로부터 부여받은 군수공장이 라는 권한을 이용한 횡포였다.

그림 22. 당시 공장 모습 [출처 :『사진으로 본 광주 100년』(1989. 광주광역시)]

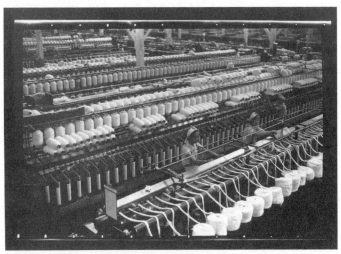

그림 23. 당시 공장 내 작업장 모습 [출처: 일본 아사히朝日신문사 제공]

1945년 현재 가네가후치 공장은 조선인 노무자가 2,470명에 달할 정도로 규모가 컸으나 일본의 패전과 함께 한반도에서 물러가게 되었다.

일본 패전 후 가네가후치공업은 조선사업자회[1946.2 결성]에 가입해 자산을 지키기 위해 노력했으나 성과를 거두지는 못했다. 조선사업자회는 조선에서 사업체를 운영했던 기업들이 조선에 남은 사업경영자 및 그 종업원의 재산 관리 및 보상에 관한 필요한 조치를 위해 조직한 단체였다.[2]

그림 24. 현재에도 남아있는 일제 말기의 모습 - 벽돌 구조의 공장 건물과 굴뚝

2) 조선우방협회 소장 山口重政 문서

1945년 8월 광복을 맞은 가네가후치 공장의 종업원들은 공장 자주 관리에 들어갔다. 박무길[朴武吉, 전남사범학교 출신 독립운동가] 등이 공장자치위원회를 구성해서 9월에 공장 가동을 시작했다. 일본인 기술자가 철수해 공장 가동은 쉽지 않았지만 노동자들은 합심해서 공장을 돌렸다. 그러나 1945년 11월, 미군정이 적산 접수에 착수하면서 김형남[평양 출신, 당시 미군정 통역관, 이후 숭실대 총장]이 공장 책임자로 임명되었다.

공장 책임자가 된 김형남은 공장을 정상 궤도에 올려두었으나 1950년 6.25전쟁이 발발하자 시설의 90%가 파괴되었다. 김형남은 1951년 11월에 그동안 적산으로 관리하던 전남방직공사를 600여만원에 불하받았는데, 설립 등기는 1953년 2월 23일에 완료되었다.

한편으로는 6.25전쟁으로 파괴된 공장을 복구하면서 다른 한편으로는 생산을 계속하는 '쌍끌이' 재건을 하며 공장 불하까지 이루어냈다.

김형남은 공장을 불하받을 당시 본인을 포함해 이한원[대한제분 창업자], 김용주[포항 삼일상회 설립자, 대한해운공사 사장 역임] 등 3명으로 컨소시엄을 구성했다. 3명 가운데 실제로는 김형남과 김용주가 막강한 지분을 가졌다.

김형남이 경영을, 김용주가 대외 활동을 전담하는 형태의 회사 운영은 오래가기 어려웠다. 김형남은 지역유지들의 반대를 무릅쓰고 전남방직의 본사를 서울로 이전하면서 발전을 도모했으나 분열은 피하지 못했다.

1961년 전남방직은 일신방직과 전남방직으로 분리되었다.

▣ 전남방직
- 1951, 김형남이 설립
- 1961, 김용주가 대표로 취임
- 1968, 주식 상장
- 1972, 한일섬유(주) 설립
- 1970, '전방(주)'로 상호 변경
- 현재 서울 본사, 영암공장, 천안공장, 담양의 전방군제 등 사업장 운영

▣ 일신방적
- 1961, 김형남이 전남방직에서 독립
- 1973, 주식 상장
- 현재 광주 본사, 반월공장, 청원공장, 홍콩 지사, 기타 계열사 등 운영

같은 회사가 분리되면서 공장의 모든 것은 둘로 나누어졌다. 종업원을 반씩 나누었고, 공장 등 건물로 나누었고, 담장을 자로 잰 듯이 갈랐다. 전남방직이라는 사명을 포기한 일신방직은 정문을 차지했고, 전남방직은 광주천변에 정문을 새로 냈다. 전방교회[1946년 2월 김형남이 창립]라는 이름을 가졌던 교회 이름도 서림으로 바뀌었다.

그림 25. 전방 광주공장의 정문

그림 26. 일신방직 광주1공장 정문

국내 방직산업의 최고 호황기는 1970년대였다. 1970년대 중반에 단일 기업 수출 100억불을 달성한 최초의 기업은 한일합섬이었다. 1980년대까지도 전방은 전국 10대 기업에 이름을 올렸다.

섬유산업의 호황은 일신방직과 전방의 번성이자 광주 경제력의 버팀목이기도 했다. 당시에 두 회사는 광주 전남에서 으뜸가는 사업장의 지위를 누리고 있었다. 1970년대에 전방[종업원 3200여명]과 일신방직[종업원 2800여명]의 종업원 규모는 아시아자동차나 삼양 타이어, 로케트전기 등이 추월할 수 없을 정도였다.

발산마을에 터전을 잡은 공장 직원들은 광주천 '뿅뿅 다리'를 건너 일신방직과 전방으로 출근했다. 발산마을에 자리했던 전방 사원 아파트는 발산 마을의 랜드마크였다.

그림 27. 1970년대 '뿅뿅 다리'의 모습 [출처 : 『사진으로 본 광주 100년』(1989. 광주광역시)]

1970년대에 광주 전남의 대표적인 회사인 일신방직과 전방에 입사하기는 '하늘의 별따기'였다고 한다. 회사는 기숙사와 사택 제공, 수영장과 영화관 등 문화시설, 무료 교육 제공 등을 조건으로 직원 유치에 나섰고, 경쟁률은 10:1에 이를 정도였다. 그러나 여성 노동자들의 입사는 더욱 어려웠다. "남사원 사택에서 식모살이를 3~4년간 하고서야 정식 직원으로 채용되는 경우도 있었을"정도였다.

그럼에도 가난한 집안 경제를 책임지고, 오빠나 남동생의 학업 뒷바라지를 숙명처럼 짊어지고 살았던 여공들은 희망을 키워 나갔다. "돈도 벌면서 못다 한 공부를 더 해보고 싶은" 소녀들에게 공장 안에 마련한 산업체 특별학급[고교 과정]은 매우 큰 위로가 되었다.

그림 28. 어린 여공들의 붙잡고 싶은 꿈이었을까. 일신방직 담벼락에 바람개비가 돌고 있다.

국내 섬유산업은 1980년대부터 침체의 늪에 빠졌으나 2천년 대 이후 특수사로 불리는 기능성 섬유가 활성화되면서 부활의 기운이 감지되고 있다. 비록 직원들은 1/10으로 감소했지만 최첨단 자동화 시설을 갖춘 공장에서는 다양한 기능성 섬유를 생산해내고 있다. 일신방직이 임동 1공장에 이어 2007년에 평동 산단에 2공장을 준공해 '세계 최첨단 공장'을 가동하고 있고, 전방도 평동 2산단에 최신 설비를 갖춘 공장 가동을 준비하고 있다.

그림 29. 광주천 넘어 양동 쪽에서 바라본 전방 광주공장 · 일신방직 광주1공장 전경

오늘날의 가네가후치

일본 패전 후 가네가후치공업은 1946년에 회사명을 가네가후치공업에서 가네가후치방적鐘淵紡績으로 회복한 후, 1949년 기업재건정비법에 의해 가네보와 가네카로 현재에 이어지고 있다.

비섬유사업분야인 가네가후치 화학부문은 독립해 가네가후치 화학공업(주)을 거쳐 현재 ㈜카네카(KANEKA CORPORATION. 염화 비닐과 소다를 주력으로 의약품, 전자재료, 고기능성수지부문의 제품 생산)로 운영되고 있다.

가네가후치 방적은 1961년에 가네가후치 화학공업(주)에서 화장품 부문을 인수하여 가네보화장품을 설립한 후 가네가후치방적으로 합병했고, 1964년 가네보하리스(식품)를 설립하고, 1966년 야마시로山城제약을 매수하였으며, 1971년에 가네보鐘紡(주)로 회사명을 변경. 1972년에 가네보 약품을 설립하고, 여러 자회사를 설립하였으며, 2001년에 가네보(カネボウ)주식회사로 변경했다.

2005년 분식 회계가 적발되어 상장 폐지가 결정되자 2007년 해산하고 海岸베르마네지먼트주식회사(ベルマネジメント株式会社)로 변경되었다가 2008년 11월 Trinity Investment Co.,Ltd.로 흡수 합병되었다. 현재 섬유, 화장품, 식품, 약품, 일용품을 생산하고 있다. 특히 이 회사가 생산하는 '가네보 화장품'은 현재 한국에서도 면세점과 백화점을 통해 판매하고 있다.

4. 전남도시제사

찾아가기

대중교통

○광주역 출발시

▲ 100~109, 200~202, 300~301, 300~404, 500~505 승차
→ 우진아파트 하차(5개 정류장. 5분)

○광천터미널 출발시

▲ 송암31→천교에서 하차(8개 정류장. 11분)→도보 이동(5분)

▲ 유덕65→천교에서 하차(9개 정류장. 12분)→도보 이동(5분)

승용차

▲ 광주 서구 독립로 185번길 2 (서구 양동 61)

일제 말기에 한반도에는 139개소의 섬유와 방적공장이 있었다. 도별로 보면, 경성이 포함된 경기 지역이 가장 다수를 차지한다.

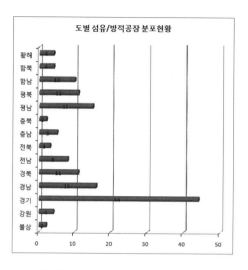

도별 섬유/방적공장 분포현황

이 가운데 전남지역은 8개 공장이 있었고, 광주부에는 3개의 공장이 있었다. 그 가운데 하나가 전남도시제사全南都是製絲이다. 당시 주소는 이즈미초泉町 60번지이고, 지금 주소는 양동 61번지 이다. 현재 양동 61번지는 양동, 삼익, 우진, 금호1차 아파트가 즐비한 아파트촌이어서 방적공장의 흔적이란 생각할 수도 없다. 그러나 1970년대까지도 누에고치에서 실을 뽑는 전남도시제사 공장이 그대로 있었다.

그림 32. 1970년대 공장의 모습. 광주천변 큰 건물 외벽에 전남제사라는 글씨가 보이고 그 뒤 건물은 1960년 개교한 옛 중앙여자중고등학교. [출처 : 「사진으로 본 광주 100년」 (1989. 광주광역시)]

당시 경북에 이어 전국 생산량 2위를 차지했던 전남의 누에고치를 배경으로 전남도시제사와 가네가후치공업 전남공장이 설립되었다. 전남은 1910년에 누에고치 생산량이 20톤에 불과했으나 1926년에는 2천톤에 이르렀다. 또한 전남지역은 다른 남부지역과 더불어 누에고치 생산량이 상대적 과잉이었을 뿐 아니라 가격이 매우 저렴했다. 일본의 뽕잎 생산비가 1관당 12전인데 비해 전남은 절반 수준에 불과했고, 누에고치 생산비의 중요한 부분을 차지하는 양잠 노임도 일본의 절반에 미치지 못하는 수준이었다. 이러한 풍부한 원료와 저렴한 임금을 바탕으로 1926년 5월 전남도시제사가 설립되었다.

전남도시제사는 자본금 200만원으로 2만평 부지에 3,153평의 건물을 들였다. '오백 여공'이 총파업을 했다고 하는 1932년 11월 16일자 동아일보 기사를 보면, 당시 여공의 숫자를 가늠할 수 있다.

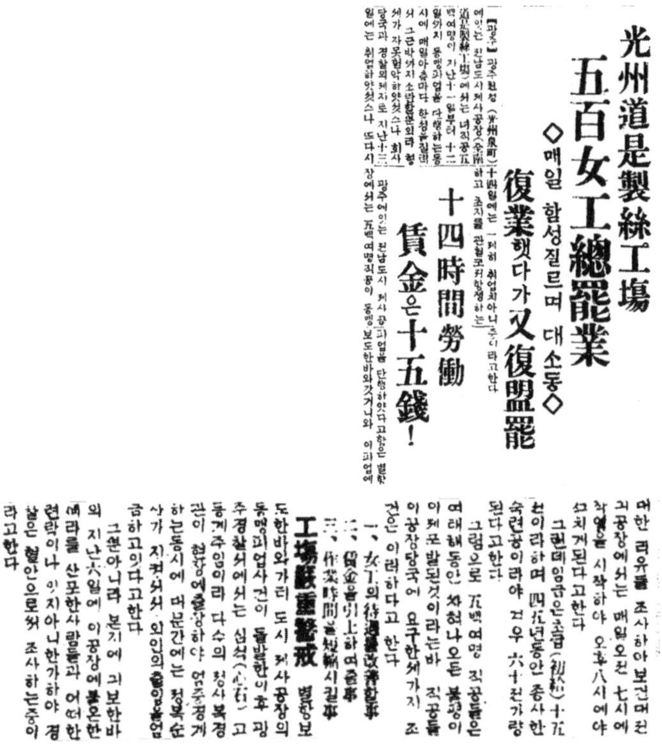
光州道是製絲工場
五百女工總罷業
◇매일 함성질르며 대소동◇
復業햇다가又復盟罷
十四時間勞働
賃金은十五錢!

【광주】 광주천정(光州泉町)에잇는 전남도시제사공장(全南道是製絲工場)에서는 녀직공五백여명이 지난十一일부터 十二일까지 동맹파업을 단행하는동시에 매일아츰마다 함성을질러서 그근방까지 소란함을 이루어 형세가 자못험악하얏섯스나 회사당국과 경찰의제지로 지난十三일에는 취업하얏섯스나 또다시 十四일에는 一제히 취업치아니하고 초지를 관철코저항쟁하는 중이라고한다

광주에잇는 전남도시 제사공장에서는 五백여명직공이 동맹파업을 단행하얏다고함은 별항보도한바와갓거니와 이파업에 대한 리유를 조사하야보건대 전긔공장에서는 매일오전 七시에 작업을 시작하야 오후八시에야 쉬게된다고한다

그런데임금은초급(初給)十五전이라하며 四五년동안 종사한 숙련공이라야 겨우 六十전가량 된다고한다

그럼으로 五백여명 직공들은 여태해동안 쌓혀나오든 불평이 이제폭발된것이라는바 직공들이 공장당국에 요구한세가지 조건은 이러하다고 한다

一, 女工의待遇를改善할事
二, 賃金을引上하여줄事
三, 作業時間을短縮시길事

工場嚴重警戒

별항보도한바와가티 도시 제사공장의 동맹파업사건이 돌발한이후 광주경찰서에서는 심삭(心石)고등계주임이라 다수의 정사복경관이 현장에출장하야 엄중경계하는동시에 머문간에는 정복순사가 지켜서서 외인의출입을엄금하고잇다고한다

그뿐아니라 본지에 긔보한바와 지난六일에 이공장에불온한 삐라를 산포한사람들과 어떠한 련락이나 잇지아니한가하야 경찰은 협인으로써 조사하는중이라고한다

그림 33. 1932년 11월 16일자 동아일보 기사

전남도시제사라는 이름에 들어간 '도시都是'는 대구의 '군시郡是산업'과 마찬가지로 '도의 중심'이라는 의미이다. 명칭에 걸맞게 설립과정에서 전남도의 입김이 작용했다고 한다. 제사공장은 설립 이후에 전남산 누에고치 수매를 독점할 만큼 특혜를 누리며 성장했다. 그러나 전남도시제사의 경영주는 전남도청이 아니라 일본면화(목화)주식회사였다. 이 회사는 일본 오사카에 연고를 둔 목화수입상들이 만든 회사로써 목포의 조선면화(주)나 국내

방적회사의 면실유棉實油를 독점했던 조선제유(주)를 소유했다.

일본면화(주)에 이은 두 번째 주주는 백낙승白樂承이다. 조선 시대부터 대대로 서울 종로 육의전에서 직물장사로 성공한 백윤수白潤洙의 아들이었던 백낙승은 1924년에 태창직물(주) 창설 당시 이사격으로 경영에 참여했다. 아시아태평양전쟁 기간 중에는 일본 관동군사령부 헌병대와 결탁하여 태창직물의 제품을 만주로 밀수출하여 큰 이득을 보았고, 1938년과 1939년에 군용비행기 '애국기'를 헌납하기도 했다. 해방 후에 가네가후치공장 영등포공장과 조선기계제작소 등 대표적인 군수공장을 불하받아 1950년대에는 태창재벌을 이루었으나 1960년 4.19혁명 이후 부정축재자라는 이유로 전 재산이 국가에 귀속되었다. 세계적인 비디오아티스트 백남준의 부친이기도 하다.

1920년대 이 공장에서 생산된 견사는 미국과 일본에 판매되었는데, 회사의 이익이 클수록 노동자의 처지는 가혹했다. 결국 하루 15~16시간의 장시간 노동을 견디지 못한 여공들이 총파업에 나섰다. 전남도시제사의 독주는 1935년 임동에 가네가후치 방적공장이 들어서면서 무너졌다. 또한 전남도시제사의 견사 생산이 일제 말기에도 계속되기는 어려웠다. 전쟁물자 조달과 총동원전쟁 수행을 위해 일본정부와 조선총독부 당국이 취한 사치품 금지 조치[7.7금지령]로 비단옷도 금지 품목에 들어갔기 때문이다. 이후 전쟁이 끝날 때까지 한반도의 섬유 및 방적공장은 군수품이나 서민용 옷감을 생산하는 기능만 허용되었다.

해방 후 전남도시제사는 전남대 설립재단에 인수되었으나 경영미숙과 자금부족으로 운영되지 못하고 공장건물은 대학 강의실로 사용되었다. 전남대가 대학 설립에 필요한 재원을 조달하려 공장을 운영했으나 여의치 못했던 것이다. 그 후 1954년 금호에서 인수해 상호를 전남제사로 바꾸면서 정상화되었다. 특히 1960년대는 전후 일본경제가 빠르게 성장하면서 기모노 소비가 늘어 견사가 외화벌이의 효자상품이 되었기 때문이다. 이 공장을 밑천으로 금호는 삼양타이어(현재 금호타이어)를 설립하게 되었다.

그러나 국제 견사수요의 격감이 예상되면서 전남제사는 문을 닫고 설비는 장성에 있는 삼양제사로 옮겨갔지만 지금은 삼양제사의 견사생산도 중단되었다.

그림 34. 전남도시제사가 있었던 자리. 현재는 삼익맨션과 금호아파트 등 아파트 단지가 조성돼 있다.

5. 광주신사神社자리 [현재 중앙로 107 광주공원 충혼탑]

찾아가기

대중교통

○광주역 출발시

▲ 100, 101, 102, 103, 104 → 월산사거리 정류장 하차(6개 정류장 이동. 8분) → 도보 이동(10분)

○광천터미널 출발시

▲ 광천터미널 정류장에서 518번 승차 → 금남로 4가역 하차(9개 정류장 이동. 14분) → 도보 이동(10분)

▲ 신세계백화점(북) 정류장(도보 5분)에서 금호 36, 봉선 37→ 양동시장역(북)정류장에서 하차(5개 정류장 이동. 9분) → 금남 59로 환승 → 광주공원 정류장에서 하차(3개 정류장 이동. 5분)

승용차

▲ 광주 남구 중앙로 107번길 15 (남구 구동 21-1번지)

신사는 일본 신도神道신앙에 근거해 만들어진 종교시설이다. 신사 장소에 머무는 신을 모시는 제사 시설이다. 신사라는 명칭 외에 모시는 신의 규모에 따라 대사大社나 신궁神宮이라 불리는 곳

도 있다.

광주신사는 목포의 송도신사, 장성읍터에 남은 신사와 함께 광주전남지역 3대 신사에 해당된다. 일본의 천조대신[天照大神. 아마테라스 오미카미. 태양의 여신. 일본의 여러 신 가운데 가장 높은 지위에 있는 신이자 일본 천황가의 시조. 현재 이세신궁을 비롯해 일본 전국에 18,000여개 신사에서 모시는 주신]과 국혼대신[國魂大神]을 모시는 신사였다.

광주 신사는 원래 광주 향교가 있던 자리였다. 조선총독부는 교화정책을 통해 조선의 전통적인 교육시설이나 정신적 구심점을 폐쇄하거나 내선일체의 수단으로 전환했다. 광주 향교도 일본 신사에게 자리를 양보해야 했다. 특히 광주향교는 호남의병항쟁의 지휘부 본부이기도 했다. 노사 기정진[蘆沙 奇正鎭]의 문하였던 송사 기우만[松沙 奇宇萬]과 성재 기삼연[省齋 奇參衍], 녹천 고광순[鹿川 高光洵] 등 호남의병부대의 지휘부 중 실질적으로 지휘를 담당한 기우만은 광주향교에 본부를 차리고 의병을 모아 훈련시켰다. 그러나 정부의 회유와 강공책에 밀려 광주의병도 기삼연을 제외한 대부분의 의병이 자진해산하면서 와해되었다.

일본은 식민지와 점령지 등 지배권이 미치고, 일본인이 이주한 모든 영역에 신사를 세웠다.

일본인 거주지역의 하나였던 광주도 당연히 신사가 설치될 대상 지역이었다. 일본인 거주자들의 수가 증가하여 1912년에 일본인 호수가 716호에 인구가 삼천 명을 넘게 되자 광주에도 신사가 들어섰다.

광주신사는 1912년, 광주천 주변에 있는 구강龜岡공원 구릉
일대 9,700여 평에 세운 작은 사당[이세伊勢신궁 요배전]에서 출발해
1916년 8월에 시모사카(下坂重行) 등 30명이 신사 설립을 청원
해 1917년 5월에 총독부의 허가를 받음으로써 법적 지위를 가
진 신사가 되었다.

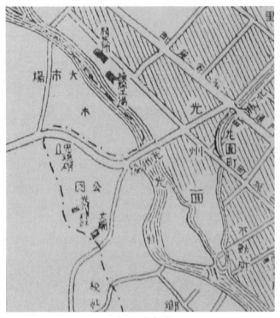

그림 36. 당시 지도

神社大鳥居（奉部市）

（社神州光）

그림 37. 광주신사 전경

1917년 11월에 이세신궁에서 천조대신의 어영대를 받아와 진좌제를 집행했고, 1924년에는 신사 입구를 표시하는 상징적인 조형물인 도리이(鳥居)를 세웠는데, 높이가 5.5m에 달했다. 같은 해에 내건 현판은 당시 조선주둔군 초대 사령관이자 2대 조선총독을 지닌 하세가와 요시미쓰[長谷川好道. 1850~1924. 1904~1905조선주둔 일본군사령관, 1916~1919조선총독]가 썼다. 1936년에는 신사규칙 개정과 함께 도道 공진신사에 지정되어 신찬폐백神饌幣帛을 공진받게 되었다.

당시 광주에 살던 일본인들은 매년 4월과 10월에는 전통 복장을 갖추고 신사에 와서 춘추대제를 지낸 후 시내 요릿집에서 야외무대를 세우고 공연하거나 스모나 검도, 궁술시합을 즐겼다.

또한 광주공립심상고등소학교[1907년에 설립한 일본인 소학교의 후신. 현재 광주중앙초등학교] 학생들은 춘추대제는 물론, 매월 1일과 15일에는 반드시 신사를 참배해야 했다.

광주공립심상고등소학생의 신사 참배 참가기

오는 15일은 신사 자유참배일이다. 동창東窓이 점차 밝을 무렵 한 사람이 일어나 참배를 하였다. 일대에 막 피기 시작한 벚꽃도 여명의 안개에 둘러싸여 어렴풋하였다. 도리이鳥居를 지나 두 번째 돌계단에 올랐다. 참배 온 사람, 돌아가는 사람이 깔아놓은 작은 자갈들이 사박사박 소리를 냈다. 왼편에는 오촌오백자[오쿠무라 이오코奧村五百子] 도자刀子의 동상을 보며 세 번째의 돌계단을 올랐다.

어수세[御手洗 : 신사 입구에 마련된 참배자가 손을 씻는 곳]에서 손을 씻고 입을 헹구고 나아가 와즙[瓦葺가와라부키 : 기와로 인 지붕] 유조[流造나가레 쯔쿠리 : 지붕에 물매를 두어 전면을 뒷면보다 길게 경사지게 한 신사건축물의 양식]의 배전拜殿에 공손히 절하였다. 배전의 안쪽에 울타리를 둘러싼 동판 지붕 신명조[神明造 : 신사 건축 양식의 하나. 지붕은 박공식이고 중앙에 계단이 있으며 기둥은 땅을 파서 세운 양식]의 본전本殿이 있다. 게다가 이웃하여 어태도御太刀, 어순御楯을 넣어 둔 보물전이 있었다. 광주신사의 편액은 제2대 총독 장곡천長谷川의 글씨였다. 사격社格은 내지[일본]의 부현사府縣社에 상당하였다.

주변을 한 바퀴 돌아 광주 시내를 내려다보았다. 지금 겨우 깊은 잠에서 깨어나는 광주를 한 눈에 볼 수 있었다. 눈 아래는 맑게 흐르는 광주천이었다. 좌우 송림의 나뭇가지 끝 사이로 간신히 보이는 충혼비, 5중의 탑, 멀리 맞은 편 종방[鐘紡가네보. 가네가후치 전남공장. 현재 일신방직과 전남장직] 전남 공장 굴뚝의 연기가 완만하게 오르는 것도 보였다. 신사가 이곳에 진좌한 것은 대정6년[1917년]이었다. 지금에는 봄 가을 2회의 대제를 시작으로 크고 작은 각종의 제사가 행하여진다. 우리 학교 학생들도 대제일은 물론이고 1일, 15일에는 필히 참배하였다. 걸음을 돌려 돌계단을 내려왔다. 동상 앞을 통과할 때, 금융조합의 기념비를 왼편으로 쳐다보며 지나쳤다. 민가 사이를 지나 대나무 숲을 통과하여 소나무 숲을 빠져나와 언덕으로 연결되는 구 공원으로 향하였다. 구 공원과 광주신사 경내 부근을 합쳐 광주공원이라 부르고 있었다. 우리가 아침, 저녁으로 산보하는 길이었다.

전망이 좋은 정상에는 전망대 설치도 하여 정말로 부민의 유람지였다. 올라가 전시를 내려다보면 우리 광주는 이미 하루 활동을 시작하여 집집마다 연기가 피어오르고 시장으로 향하는 차, 달리는 자전거도 힘차고, 왕래하는 사람 수도 점점 증가하고 있었다. 오른쪽 아득하게 멀리 무등 연봉을 감산 아침 안개도 시시각각 밝아져갔다. 엉겁결에 꿀떡 대기를 깊이 빨아들였다. 때마침 신광주역 방향에서 한 번의 높은 기적소리가 울려왔다.

광주공립심상고등소학교, 『광주향토독본』, 1937년 발행

그림 38. 광주신사 모습 [출처 : 『사진으로 본 광주 100년』(1989. 광주광역시)]

　신사참배는 일본인들만의 의무가 아니었다. 특히 광주신사가 국폐신사가 된 후에는 일본인은 물론 조선인들도 참배해야 했다. 기독교인들도 예외는 아니어서 종교적 신념은 지키기 어려웠기에 기독교단이 운영하는 수피아 여학교[현재 광주수피아여자고등학교. 1908 개교. 1937.9.6 신사참배 거부로 폐교. 1945.12.5 재 개교]는 폐교의 아픔을 겪어야 했다.

　신사는 징용을 가거나 징병으로 군수공장과 전쟁터로 떠나는 젊은이들이 반드시 들러야 하는 곳이기도 했다.

그림 39. 광주공립중학교 학생들이 신사참배 하는 모습(1935년)
[출처 : 『사진으로 본 광주 100년』(1989. 광주광역시)]

처음에 신사 관리는 광주에 거주하던 일본인들이 담당하였으나 설립승인을 받은 후에는 전남도가 관리했다. 그 뒤 광주신사는 1940년, 국폐신사國幣神社[일본당국은 신사의 격에 따라 관폐대사官幣大社와 국폐소사國幣小社로 구분해 설치했다. 관폐대사는 조선신궁과 부여신궁이, 국폐소사는 경성신사·용두산신사·대구신사·평양신사·광주신사·강원신사·전주신사·함흥신사가 해당]로 승격했다.

당국은 국폐신사승격의 사전작업으로 근처 사동시장과 구동시장을 천정[泉町. 현재 양동]으로 내쫓았다. 시장에서 풍기는 소음과 악취가 신사의 존엄성을 훼손한다는 이유였다.

9,700여평의 신사를 확장하는 공사도 했다. 확장공사를 위해 광주신사 봉찬회奉讚會를 조직하고 총공사비 12만원을 마련해

공사에 들어갔다. 신사를 오르내리던 계단을 손보고 입구와 중간 광장을 넓혔다. 여러 건축물도 세웠다. 중국, 만주, 남태평양 등지에서 나무를 들여와 심었다. 이 공사에 근로봉사대라는 이름으로 학생과 주민이 동원되었다. 광주전남지역의 회사와 공장, 학교에 신사확장공사를 위한 근로봉사 명령이 떨어졌다. 단체와 학교의 구성원들은 순번을 정해 광주신사에 와서 일을 했다. 이 공사에 일본인도 예외는 아니었으므로 원성을 사기도 했다고 한다.

매일신보 기사에는, 공사가 1938.5.1.~7.30까지 계속되었다고 보도했지만, 공사는 1940년 10월에 완공되었다. [매일신보 1938년 8월 3일자 4면 4단]

그림 40. 1938년 8월 3일자 매일신보 기사

아쉽게도 정부가 확인한 피해조사결과에서 광주신사 확장공사 동원 피해자를 찾을 수 없다. 그러나 2014. 7. 19 광주의 근로정신대할머니와 함께 하는 시민모임이 주관한 답사[강제동원 현장을 가대에 참가한 노인 중에 공사 현장을 기억한 분도 있었다.

해방을 맞자 광주신사도 역사의 격변을 경험했다. 1945년 8월 15일, 광주서중[현 광주일고] 졸업생 1백명이 학교 강당에서 화랑단을 결성하고 시민들과 함께 광주신사로 몰려와 건물을 파괴했다. 해방을 자축하는 첫 행사가 광주신사 파괴로 나타난 것이다.

이 때 파괴되지 않은 건물들은 1947년 9월, 대성대학[사립. 광주향교 등 전남지역의 유림이 설립, 현재 전남대 인문과학대학]의 강의실로 사용되었다. 그 후에도 영광원[시각장애인 수용시설]과 경찰전수학교[경찰관 양성시설] 등도 신사의 남은 건물을 사용했다. 1960년대에는 충혼탑이 세워져서 현대판 호국시설의 역할을 담당하고 있다.

그림 41. 옛 광주신사가 있던 광주공원

광주의 일본인

광주에 들어온 일본인은 오쿠무라 이오코奧村五百子가 대표적이다. 1887년 광주 서문밖 보작촌洑作村[현 불로동 1번지]에 자리 잡은 혼간지本願寺 승려 오쿠무라 엔싱奧村圓心의 여동생으로 오빠의 뒤를 따라 왔다. 7대 조부인 오쿠무라 조싱奧村淨信이 1585년에 부산에 와서 고덕사高德寺를 세운지 3백년 뒤에 남매가 다시 조선 땅을 밟은 셈이다. 일본 우익집단인 흑룡회黑龍會 검객을 앞세우고 온 이오코의 뒤를 이어 둘째 딸과 사위 등이 들어오면서 일본인은 10여명이 되었고, 6개월만에 100여명으로 늘어났다.

이오코를 중심으로 한 일본인들은 1898년에 일본식 농법과 잠업을 보급하기 위한 실업학교[혼간지 오쿠무라本願寺奧村실업학교]를 세우고 이오코가 교장으로 취임해 조선인을 동화시키기 위한 본격적인 작업에 들어갔다.

실업학교는 광주사람들이 돌을 던지는 등 강한 반감을 드러내 얼마 뒤에 문을 닫았으나 학교 건물은 이후에도 일본인의 숙소나 일본순사들의 주재소, 목포이사청理事廳 광주지청 청사로 활용되면서 광주지역에 일본세력을 심는 전진기지 역할을 했다.

이오코의 성공적인 광주 정착 이후 일본인들의 이주가 줄을 이었다. 군함과 상선을 타고 부산과 인천, 목포를 거쳐 오는 일본인들에게 이오코는 직업을 알선해주고 정착을 도와주었다.

러일전쟁 직후부터 일본인들은 본격적으로 광주로 모여들게 되었다. 초기에 들어온 일본인들의 다수는 일본군이나 관청에 군수품과 물품을 납품하는 어용상인들이었다. 그 후 행상이나 고리대금업인 전당포를 경영하면서 돈을 벌었다.

행상을 하는 일본인들은 물품을 목도에 메고 다니며 조선어로 "시구지루무[석유기름]나 단손양[당唐성냥]사시오" "고리언[巻煙, 궐연, 담배]이나 사단[砂糖, 설탕]이오"라 외치며 이 골목 저 골목을 누볐다. 이들이 파는 물건은 비누, 머릿기름, 석유, 성냥, 광목, 거울, 가위, 염료 등 다양했다. 행상으로 기반을 다진 이들은 광주읍성의 북문으로 통하는 거리 일대[현재 충장로]에 점포를 차리고 상권을 장악해나갔으며, 조선 최초로 상공회의소도 설립했다.

상업을 하는 일본인들을 위해 광주농공은행[1906]과 광주지방금융조합[1907] 등 금융기관도 영업을 시작했다.

역사의 두께가 쌓여가는 광주신사 : 식민지 시기, 해방 후, 그리고 현재

식민지 시기[오쿠무라 이오코 동상] : 1926년 애국부인회 전남지부는 광주신사를 오르는 입구에 오쿠무라 이오코奧村五百子의 동상을 세웠다. 오쿠무라 이오코가 실업학교를 세우고, 일본인의 광주 정착을 지원함은 물론, 전국 최초의 금융조합을 설립하는 등 일본인 사회에 미친 공적을 기리기 위해서이다.

그러나 오쿠무라 이오코의 동상은 광주 신사가 조선총독부 관할 국폐신사國幣神社로 승격되어 개수공사를 할 때 삼화식물원 자리[광주공원 아래쪽, 현재 빛고을시민문화관]로 이전되었다. 그 후 1944년 일제가 침략전쟁으로 쇠붙이를 공출할 때 이 동상도 좌대만 남긴 채 뜯겨 전쟁물자로 사라졌다.

해방 후[김성주 할머니] : 1929년 순천에서 태어나 순천남국민학교를 졸업하고 1944년 5월, 15세 어린 나이에 근로정신대로 미쓰비시중공업 나고야항공기제작소에 동원되었던 김성주. 어린 여동생마저 언니에게 데려다준다고 꼬여 후지코시(不二越)강재에 동원해 자매가 모두 근로정신대 피해자가 되었다. 해방 후에 결혼을 하였으나 극심한 생활고를 이기기 위해 1960년대에 충혼탑 공사장에서 막일을 했다. 남자들이 감당해야 하는 공사장의 막일을 나약한 여성이 하기란 힘들었지만, 행여 일자리를 잃을까 염려하며 장정에 뒤지지 않게 일을 했다고 한다.

순천남국민학교 시절에 신사참배를 강요당하던 곳, 15세 나이에 일본으로 떠나기 위해 참배했던 곳인 광주신사 자리에서 김성주는 생존을 위해 시멘트 부대를 지고 벽돌을 날랐다.

6. 광주역

찾아가기

대중교통

○광주역 출발시

▲ 광주역 정류장에서 지원 152 승차 → 동부소방서 정류장 하차(3개 정류장 이동. 4분)

▲ 광주역 정류장에서 금남 58 승차 → 동부소방서 정류장 하차(4개 정류장 이동. 7분)

○광천터미널 출발시

▲ 신세계백화점 북 정류장(5분 도보 이동)에서 봉선37 승차 → 동부소방서 정류장 하차(9개 정류장 이동. 14분)

▲ 광천터미널 정류장에서 518번 승차 → 광주일고 정류장 하차(4개 정류장 이동. 10분) 후 → 두암 81번 환승 → 동부소방서 정류장 하차(2개 정류장 이동. 3분)

승용차

▲ 광주 동구 제봉로 210 (동구 대인동 324-9)

징용과 징병으로 고향을 떠나는 조선인들은 군청에 집합한 후 트럭에 실려 인근 기차역을 통해 동원지역으로 떠났다. 일본이나 사할린, 태평양, 동남아시아로 간 조선인들은 배를 타고, 중국과 만주로 간 조선인들은 기차를 타고 북쪽으로 북쪽으로 갔다.

광주에 살던 조선인들이 동원지역으로 떠난 대표적인 기차역은 광주역이다. 광주에 철도가 연결된 것은 1922년 7월 1일 광주~송정리간 철도가 연결된 후이다. 이 철도는 12km에 불과했으나 광주 사람들에게는 매우 요긴했다. 이전까지 기차를 이용하려면 송정리역까지 30리길을 가야 했기 때문이다. 물론 송정리에 철도역이 들어선 것은 1914년 1월 대전~목포간 호남선이 완공된 덕택이다. 그러나 광주부의 주민들이 송정리역에 가기 위해서는 마차로 1시간, 인력거로 1시간 반이 걸렸다. 이런 상황에서 광주역이 문을 열었으니 환영받지 않을 턱이 없었다.

광주~송정리간 철도는 민간철도회사인 전남철도주식회사가 부설한 사철私鐵인데, 남조선철도주식회사로 흡수되었다가 1928년에는 국철國鐵로 변경되어 조선총독부 당국이 운영하는 철도가 되었다.

광주~송정리간 철도가 개통할 당시에 광주역 외에 간이역이 두 곳 더 있었다. 동림동에 있었던 운암역과 운암지구 남쪽에 있는 극락강역이다.

운암역은 1929년에 일어난 광주학생독립운동의 발원지이기도 하다. 이 작은 간이역을 통과할 즈음 나주까지 통학을 하던 조선인과 일본인 학생들이 열차 내에서 싸움이 벌어졌고, 이후 나주역 사건으로 이어졌기 때문이다. 해방 후 북광주역으로 불리던 운암역은 현재 자취를 찾을 수 없다. 극락강역은 보통역으로 승격되어 지금도 영업 중이다.

그림 43. 6.25전쟁 중 공습으로 파괴되기 전 광주역 모습(1950년)

광주역이 있었던 자리[현재 대인동 광주소방서 자리]는 광주역 부근이라 하여 오랫동안 역전통驛前通이라 불렸다. 광주역은 1969년에 중흥동으로 이설했지만 여전히 구역舊驛이라 불린다.

광주역 개설 당시에 역사驛舍는 지붕 처마 끝으로 차양들이 둘러 처진 목조건물이었는데 1930년대 중반에 삼각형의 박공면이 강조된 목조건물로 바뀌었고, 당시로는 드물게 역내에 구름다리[과선교跨線橋, 길이 40미터]가 설치되었다. 그러나 목조건물은 6.25전쟁의 와중에 1950년 여름, 연합군의 폭격으로 파괴되었다. 전쟁이 끝난 후에도 앙상한 뼈대만 남은 대합실은 대충 판자로 둘러막아 사용하다가 1961년에 현재 동부소방서로 쓰는 콘크리트 건물로 바뀌었다. 이 과정에서 정거장 위치도 조금 옮겨졌다. 원래 광주역은 소방서와 대인동 파출소 사이, 즉 오늘날 동부소방소가 들어선 자리보다 오른 쪽에 있었다.

개통 당시에는 광주면의 유일한 정거장이라 하여 광주역이라 불렸다. 그러나 운영주체가 조선총독부 철도국으로 이관되면서 전남광주역으로 바뀌었다. 당시 광주의 일본어 발음은 고슈Koshu 인데, 황해도 황주의 발음과 같다는 이유 때문이었다. 황해도황주역과 같이 전남광주역으로 불리던 정거장 이름은 1938년 4월 1일 다시 광주역으로 되돌아갔다.

1930년대 후반에 광주의 도시계획이 구성되던 시절부터 광주역의 이전이 논의되었으나 아시아태평양전쟁으로 중단되었다가 1969년에 중흥동으로 옮겨갔다.

광주역은 호남선만 이용하던 역이 아니었다. 경남과 호남을 잇는 밀양~광주간 경전선의 중심 역이기도 했다. 경남 밀양을 출발해 김해와 창원, 함안, 진주, 사천, 하동을 거친 기차는 광양과 순천, 보성, 화순, 나주를 거쳐 광주역에 도착했다. 이 공사는 1902년부터 1942년까지 햇수로는 40년이나 걸렸다. 이후에는 광주선의 종착역이 되기도 했다. 광주선은 광산구 동송정 신호장 서쪽에서 광주역을 연결하는 경전선의 지선이다.

그림 44. 광주역이 있던 자리

　광주역은 징병과 징용자들만 실어 나른 철도역이 아니었다. 한반도의 각종 물자를 일본으로 실어나른 하역수송장이기도 했다. 일제 초기에는 면화와 쌀이 주요한 화물이었다. 광주역이 생긴 후 한 달 만에 1천만톤 이상의 쌀이 빠져나갔고, 목화도 80톤 가까이 실려 나갔다고 한다.

　아시아태평양전쟁 기간 중에는 조선운송주식회사의 하역수송 작업장이 광주역에 자리하고 있었다. '마루보시'[丸星]라는 이름이 더 친숙했던 조선운송주식회사는 1928년 4월에 설립되었다. CJ대한통운의 전신이다. 대주주는 현재 일본에서 영업 중인 일본통운주식회사였다. 조선운송주식회사는 경성 등 대 도시에 지점을 두고 각 철도역과 항만에 출장소와 영업소를 두고 운송을 담당했다.

조선운송주식회사 지점, 출장소, 영업소 현황	
지점	부산, 마산, 대구, 인천, 경성, 평양, 신의주, 군산, 광주, 원산, 함흥, 청진
출장소	김천, 대전, 조치원, 천안, 수원, 용산, 개성, 사리원, 진남포, 신안주, 이리, 전주, 송정리, 목포, 철원, 성진, 회령
직할영업소	초량, 부산진, 구마산, 상인천, 서빙고, 왕십리, 청량리, 서평양, 신창, 갈마, 상삼봉, 종성, 농개진, 안동
대행영업소	위 지역외의 조선국유철도선 각 역

조선운송주식회사가 마루보시로 불린 이유는 '둥근 별'을 상징하는 회사마크 때문이다. 일반적으로 조선운송주식회사보다는 '＊＊(지명)마루보시 운송점'으로 불렸다.

조선운송(주) : 마루보시(丸星)

광주역 마루보시 운송점에는 많은 조선인들이 동원되어 어깨에 무거운 등짐을 지고 기차에 화물을 실어 날랐다. 광주를 떠나는 화물도, 광주에 도착하는 화물도 있었다. 위원회가 확인한 조선운송주식회사에 동원된 조선인은 447명이다. 이 가운데에는 광주역에서 강제노역에 시달렸던 피해자도 포함되어 있다.

〈참고문헌〉

鐘淵紡績(株), 『鐘紡製絲40年史』, 1965

정근식, 「일제하 鐘淵방적의 잠사업 지배」, 『사회와 역사』 2, 1986

강이수, 「1930년대 면방대기업 여성노동자의 상태에 관한 연구」, 이화여자대학교
　　　　박사논문, 1991

김경남, 「1920, 30년대 면방대기업의 발전과 노동조건의 변화」, 『부산사학』 25·26,
　　　　1994

정혜경, 『조선청년이여 황국신민이 되어라』, 서해문집, 2012

박선홍, 『광주 1백년 – 개화기 이후 광주의 삶과 풍속』, 심미안, 2012

광주광역시 서구 화정4동 화사한 마을만들기 주민협의회, 『화사한 마을 화정
　　　　4동』, 2013

조광철, 「광주갈피갈피」, 『광주드림』, 2006. 9. 3 ; 2007. 7. 15 ; 7. 25 ; 8. 8
　　　　http://blog.ohmynews.com/historyseek/230120

2장 월아씨의 광주 나들이

강제동원 현장 탐방기 첫번째
광주에 가다

with 월아

2013년 5월 10일 오후,
정혜경 박사님과
일제강제동원 현장을 보기위해
광주행 기차에 올랐습니다.

덜컹

덜컹

오래만의 기차야 ♪

숙소에서
밤을 보내고
다음날
강연장이 있는
NGO센터로
이동했습니다.

이곳에서는
교육과 상담,
NGO관련
정보들을
공유할 수
있습니다.

사단법인 광주NGO시민재단
광주NGO센터
GWANG JU NGO CIVIC FOUNDATION

안내판과 내부가 아기자기하게 꾸며져 있어요

강의는 약 2시간 정도 아시아태평양전쟁과 강제동원된 조선인들에 대한 내용으로 여러가지 사례들을 살펴보며 진행되었어요.

도망가다 다치는 사람도 많았지만, 살기위해 끊임없이 탈출을 시도해요.

STOP!
알고 갈까요?

아시아태평양전쟁이란, 1937년 7월 7일 일본 제국이 중화민국을 침략한 이후 1941년에 미국은 일본 제국에 경제 제재와 석유 금수 조치를 취했습니다.

이에 반발한 일본 제국이 진주만을 공격하면서 미국이 참전하여 1945년 8월 15일 일본 왕이 무조건 항복을 선언하기까지 태평양과 아시아의 영역에서 벌어진 전쟁을 태평양 전쟁이라 해요.

당시의 일본정부는 대동아전쟁이라 칭하기도 했습니다.

이곳은
현재는 소방서지만,
과거에는 일본 운수하역장으로
사람과 물자의 송출이
이루어 졌던 곳입니다

점심을 먹고 현장으로 이동했습니다.
현장에서도 열심히 설명중이신
경혜경 박사님. 지금은 흔적으로만
남거나, 다른 건물이 들어선 곳이
대부분이었습니다.

열심 설명을 듣는 사람들

더운 날씨도 이동중입니다

학파농장 사무소였지만
현재는
'호남동성당'이 자리하고 있습니다.

옛 모습은 남아있지 않아요

예전 건물

이동중 잠시 들른 민주광장에서는 5·18 민주항쟁 33주년을 맞아 '만장쓰기' 행사를 하고 있었습니다.

같은 아픔이 반복되지 않기를 바라며 좀 더 나은 내일을 위해 한자 한자 정성껏 마음을 담습니다.

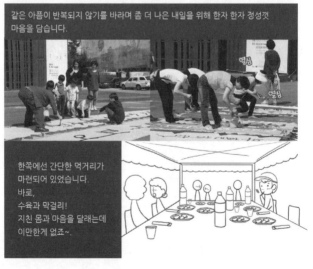

한쪽에선 간단한 먹거리가 마련되어 있었습니다.
바로,
수육과 막걸리!
지친 몸과 마음을 달래는데 이만한게 없죠~.

다음으로 이동한 곳은, 예전 일본인들의 신사가 있었던 광주공원 입니다.

문화의 장이였던 시민회관
지금은 새로운 모습을 위해 공사중 입니다
올 겨울에 완공 예정이에요

50만 시민의
통일의 선물
1972년9월18
광주시장 정시채

현충탑
높은 열사들의 원혼을 밝히기 위해
건립되었습니다

리위한靈의塔

광주 시민공원은 5.18민주화 운동의 사격지라고
합니다.
80년 항쟁이 치열했던 5월 21일, 계엄군이 시민들을
향해 집단 발포 후 많은 사상자가 나자 시민들은
자위적 수단으로 인근 시, 군 지역에서 총과 탄약을
가져와 시민군을 편성하고 사격술 훈련을 실시했던
곳이에요.
시민군이 탄생한 역사적 기억을 간직한 공간이라 할 수
있어요.

위패봉안소

이모면 광주지역의 순차된열사 효혼영령
4483 분의 위패가 모셔져 있습니다.

일신방직주식회사
ILSHIN SPINNING CO., LTD.

광주1공장

마지막 이동지는 열악한 환경으로 유명했던, 노동자의 탈출을 막기위해 높은 담장과 더불어 건물내 공장과 연결된 기숙사가 있었던 전남방직공장 입니다.

13세도 채 되지 않은 아이들의 12시간 노동과, 끔찍한 구타가 행해졌던 곳. 저절로 숙연해 집니다

이렇던 차 안에서 살려 근무했던 분의 이야기도 들을 수 있었습니다.

현재 공장 내부

전방주식회사 광주공장

옛모습이 남아있는 공장정문

전방주식회사 광주공장

시민과 함께하는 일제강제동원 광주전남 현장 답사
- 광주(5.11) / 해남(6.15) / 여수(7.27) 일대 -

개인적으로 이날 답사에서 가장 크게 남았던 것은,
다른 매체를 통해 내용을 접했다며 부모님의 손을 잡고 힘찬 걸음을 옮기던
어린 친구들의 '자발적 참여'였습니다.

학교에서 자료를 보고 관심이 생겼어요.

아이가 먼저 참여를 원했어요.

TV에서 봤어요.

이 답사가 시간과 시대를 넘어
함께 고민하고 생각하며
내일을 그릴 수 있는 발판이
되었길 희망합니다.

강제동원 관련 내용은
http://cafe.naver.com/gangje
참고하세요.

다음에 만나요 헤헤
BYE BYE

이상으로 프리랜서 디자이너에서
따끈따끈 삐약이 작가로 전향중인 월아였습니다.